오늘의 주식

이슈를 읽으면 종목이 보인다

오늘의 주식

효라클(김성효)
지음

TORNADO
토 네 이 도

누구에게나 돈 버는
재능이 있다

사람은 누구나 저마다의 특기가 있다. 절대적으로 특출 나진 않을 수 있어도 자신의 다른 능력에 비해 상대적으로 특별한 것이 있다. 그 능력을 일찍 발견하고 다듬으면 처음에는 별거 아니었던 재능도 점차 발전한다. 그렇게 강점을 계발하는 게 다른 모자란 능력을 억지로 끌어올리려 하는 것보다 성과도 좋고 속도도 훨씬 빠르다.

운 좋게도 그 특기가 학교 공부인 사람은 어릴 때부터 온갖 혜택을 받으며 자란다. 우리나라에서는 특히 성적이라는 단 하나의 기준으로 사람을 평가하기 때문에 자신의 특기가 공부이기만 하다면 주변의 사랑과 관심을 독차지하며 선택받은 인생을 살 수 있다.

하지만 슬프게도 공부가 특기인 사람은 극소수에 불과하다. 한창 밖에서 뛰어놀아야 할 시절을 자신의 의지와는 상관없이 맞지도 않는 공부를 하느라 학교나 학원, 독서실 등에 처박혀 거의 학대당하다시피 보낸다. 공부를 못하는 것은 죄가 아닌데도 학교나 집에서 늘 다른 사람과 비교당하며 주눅 든 채 산다.

그렇게 학교를 졸업하고 나면 나를 평가하는 또 다른 절대적인 기준과 맞닥뜨린다. 바로 돈이다. 돈이 없는 것은 죄가 아닌데도 죄인처럼 평생을 남들의 형편과 비교하거나 비교당하다 죽는다. 애초에 잘사는 집에서 태어났다면 간단히 해결됐을 문제인데 이 또한 슬프게도 잘사는 집은 그렇게 많지 않다.

그런데 학교 다닐 때 공부를 못한 건 내 특기가 공부가 아니었기 때문이라고 할 수 있지만 돈이 없는 건 좀 다르다. 돈을 버는 일은 공부처럼 어릴 때부터 배우지 않는다. 한국의 부모 대부분은 자식에게 공부를 하라고 하지 돈을 벌어 오라고 하진 않는다. 다시 말해 돈이 없는 게 돈 버는 재능이 없어서인지, 아니면 돈 버는 방법을 제대로 배운 적이 없어서인지 모르는 사람이 대부분이란 뜻이다.

이 책은 당신의 돈 버는 재능이 어디에 있는지 판별하는 데 도움을 줄 것이다. 만약 이 책을 읽고 주식시장의 메커니즘을 이해하고 새로운 뉴스에 적용해 투자법을 발전시킬 수 있다면 그동안 아무도 알려주지 않아서 몰랐을 뿐 당신은 주식으로 돈 버는 재능이 있는 것이다. 이 책을 읽고 이전에는 그냥 보고 지나쳤던 포털사이트 메인의 뉴스 헤드라인이 예사롭지 않게 보인다면, 나만 찾을 수 있는 종목이 오를까 내릴까 가슴 설렌다면 당신은 내면에 잠들어 있던 주식으로 돈 버는 재능을 깨운 것이다. 그 재능을 특기로 계발해나가기만 하면 된다.

물론 이 책이 아무런 감흥을 주지 않을 수도 있다. 그러나 세상에 돈을 벌 수단은 주식이 아니어도 얼마든지 있다. 창업을 하든, 부동산에 투자하든 내게 맞는 길을 찾으면 된다. 이 책을 읽고 '주식은 나랑 안 맞아'라는 결론을 확실하게 내린다면 그 또한 의미 있는 일이다.

끝으로 이 책을 쓰는 데 도움을 준 효라클 식구들에게 감사를 전한다. 문제의 초고를 잡고 해설을 도와준 오수연 양, 용어 정리를 담당해준 박상연 군, 기초를 잡아준 조현아 양, 전체 구성에 많은 아이디어를 준 한동원 군 덕분에 이렇게 세상에 없던 문제를 풀면서 주식을 배우는 책이 나올 수 있었다.

학창 시절부터 하도 반복한 탓에 익숙하다 못해 지겨울 수도 있는 문제풀이를 주식 공부에 적용해보면 난해한 용어와 설명만 나열돼 있는 기본서를 읽는 것보다 훨씬 습득 효과가 좋을 것이다.

이 책이 당신의 주식 본능을 깨워 궁극적으로는 당신이 돈을 많이 벌게 되길 기원한다.

효라클(김성효)

3부 | 관련주가 있다고?

4부 | 알쏭달쏭 용어 정리

일러두기

1. 이 책은 퀴즈를 통해 주식투자 기초 지식을 자연스럽게 습득하는 책이다. 기사를 읽고 물음에 답한 뒤 이어지는 해설을 읽으면 된다.

2. 이 책에 실린 차트는 해당 문제가 다루는 주제와 시점에 관련된 기업의 실제 차트다. 또 이 책에 등장하는 모든 정보는 이 책이 출간된 2021년 2월을 기준으로 작성됐으며 문제에 인용한 기사는 보도일을 기사 하단에 명시했다.

3. 이 책에 등장하는 주요 인명, 지명, 기관명, 상표명 등은 국립국어원 외래어 표기법을 따르되 일부는 관례에 따라 소리 나는 대로 표기했다. 원문은 설명이 필요한 개념의 경우 본문 내 최초 등장에 한해 병기했다.

1부

—

주식을
대하는
자세

1장

꿈을 꾸는 건 사람,
이루는 건 돈

끝판이 없는 스테이지

〈테트리스〉나 〈보글보글〉 같은 옛날 게임에는 정해진 '스테이지'가 있었다. 처음에는 어려워서 한 번에 깨지 못한 스테이지도 반복해서 기술을 익히다 보면 어느새 돌파하게 되고 그렇게 한번 통과한 스테이지는 다시 돌아가서 하지 않아도 됐다. 다음 스테이지에만 집중하면서 기나긴 시간을 지나 끝판을 깨면 축하 메시지가 나왔다. 기계와의 대결에서 승리했음을 알려주는 것이다.

그런데 〈플레이어언노운스 배틀그라운드〉(이하 배틀그라운드)나 〈리그 오브 레전드〉 같은 요즘 게임에는 '끝판'이라는 게 없다. 인터넷의 발달로 게임 속에서 게이머 간 대결이나 협동이 가능해져 매 순간 게임의 상황이 바뀌고 동시에 같은 게임을 하면서도 플레이어마다 전부 다른 경험을 한다. 지금까지는 유리한 게임을 하고 있었는데 한순간의 판단 실수로 승패가 뒤집히기도 한다. 이번 판에서 승리한다 해도 또 다음 판에서는 어떤 상대를 만날지 모른다. 레벨을 올려가며 게임을 계속 즐길 순 있지만 아무리 해도 그 게임을 '깰' 수는 없다.

우리 사회도 마찬가지다. 예전에는 정해진 틀 안에서 스테이지를 밟아나가다 보면 어느새 게임의 끝판을 깬 것처럼 더는 도전이랄 것 없는 안정된 삶을 살았다. 고등학교를 졸업해 대학교에 진학하고 대학을 나와서 취직하고 결혼하고 출산하고 집을 사면 그만이었다. 이것이 가능했던 가장 큰 이유는 '하나의 스테이지를 깨면 다시 돌아가지 않는다'는 대전제가 사회 전반에 깔려 있었기 때문이다. 한번 취직을 하면 그 회사가 평생직장이 돼 미래의 소득이 보장되니 다음 스테이지인 결혼과 출산에만 신경 쓰면 됐던 것이다. 직장에서 차근차근 승진해나가다 끝판을 깨면 축하 메시지를 받고 은퇴해 편안한 노후를 보낼 수 있었다.

그런데 지금은 어떤가? 하나의 스테이지를 힘들게 깨도 언제 처음으로 돌아가서 다시 깨야 할지 모른다. 대학에서 높은 학점을 따고 취업을 위해 스펙을 쌓아도 회사에 가면 업무에 필요한 기술들을 기초부터 다시 배운다. 그렇다고 그 회사가 평생직장이냐 하면 그것도 아니다. 간신히 업무를 익혔다 싶을 때쯤 다시 취업 준비를 해야 할지도 모른다. 이런 불안정성 탓에 결혼과 출산을 망설이게 된다. 그뿐인가, 집값은 너무 올라 초저임금으로는 아무리 아끼고 모아도 매매는커녕 전세를 구하기도 어렵다. 다음 스테이지에만 집중하고 싶은데 그게 안 된다. 축하 메시지는 꿈도 못 꾼다.

이 모두가 인류의 기술과 문명이 발전하는 데 따르는 자연스러운 현상 아니냐고 할지도 모른다. 그렇다면 2개의 숫자를 보자. 자살률과 출산율이다. 2018년 한국은 OECD 국가 중 자살률 1위를 기록했고 10~30대 사망 원인 1위 역시 자살이었다. 같은 해 한국의 합계출산율(한 여성이 가임 기간인 15~49세에 낳을 것으로 기대되는 평균 출생아 수)은 0.977명으로 세계 최저였다. 인류 문명 발전의 폐해는 한국이 고스란히 다 뒤집어쓰는 모양이다. 대부분의 기술이 미국, 유럽, 일본 등에서 개발되고 한국은 갖다 쓰기만 했는데도 말이다.

이런 상황에서도 많은 청년이 포기하지 않고 꿈을 꾼다. 여행을 계획하기도 하고 집은 못 사도 무슨 차를 살까 검색하며 유튜브에서 시승기를 찾아보기도 한다. 때로는 더 나은 커리어를 위해 학업 계획도 세운다. 이 꿈들의 공통점은 뭘까? 바로 '돈'이 있어야 이룰 수 있다는 것이다. 그렇다. 꿈을 꾸는 것은 사람이지만 이루는 것은 돈이다.

그런데 학창 시절부터 우리가 받아온 돈에 관한 교육은 거의 전무하다. 장래 희망을 꼭 적게 하고 꿈을 꾸려면 공부를 잘해야 한다면서 국어, 영어, 수학, 과학, 음악, 미술, 체육 같은 다양한 과목을 가르치지만 그 꿈을 이루게 만드는 돈을 어떻게 버는지는 가르치지 않는다.

상황이 이런데도 교육 개혁을 논할 때 돈 교육을 강화해야 한다는 논의는 거의 없다. 교육 내용이 아니라 평가 방식이 논의의 주가 되는 사회다. 하지만 진정한 교육 개혁이란 내용을 바꾸는 것이고 그 핵심은 꿈을 꾸게만 하는 것이 아니라 이룰 수 있게 하는 것이 돼야 한다.

왜 고등학교에서 주식투자를 가르치면 안 되는가? 기업의 사업보고서를 보고 좋은 기업인지 나쁜 기업인지 가려내는 교육만큼 유용한 것이 또 있을까? 성인이 돼서 취업 준비를 할 때 연봉이나 복리후생만 볼 게 아니라 사업보고서를 보고 건실한 기업인지, 오래 다닐 만한 기업인지 판단하면 좋지 않을까? 남의 말만 듣고 무작정 따라서 투자했다가 원금을 날리는 것보다 스스로 기업을 분석해 투자하는 게 조금이라도 더 낫지 않을까? 유상증자(새로 주식을 발행함으로써 자금을 조달해 자본금을 늘리는 것), CB(전환사채, 해외전환사채, 해외증권시장을 통해 초기에는 사채로 발행됐다가 일정 기간이 지난 뒤 사채권자가 청구하면 미리 결정된 조건에 따라 발행 회사의 주식으로 바꿀 수 있는 사채) 등 DART(금융감독원 전자공시 시스템)에 올라오는 각종 공시를 이해할 수 있을 정도의 기본 상식을 가르친다면 내가 투자하려는 기업의 상황을 훨씬 더 잘 이해할 수 있지 않을까?

애석하게도 이런 일은 내 생전에는 일어나지 않을 것 같다. 그렇다고 손 놓고 있을 수만은 없다. 그냥 방관하기보다는 몇 사람이라도 꿈을 이룰 수 있도록 도와주는 게 낫지 않겠는가. 자, 그럼 꿈을 이루려면 어떻게 해야 할까?

꿈을 이루려면 미루자

꿈을 이루려면 미루라고? '지금 고난을 참고 이겨내면 훗날 잘된다'는 유의 얘기를 하려는 건가? 그렇다. 세상에는 수많은 재테크가 있지만 기본 원리는 하나다. 꿈을 이루려면 미뤄야 한다는 것이다. 그도 그럴 것이 밑천이 클수록 돈이 모이는 속도가 빠르기 때문이다. 최대한 소비를 줄이고 투자 원금을 늘릴수록 같은 수익률에도 수익금 차이는 크게 벌어진다.

'시작할 때는 게임 스테이지 어쩌고 교육 어쩌고 해서 좀 다를 줄 알았더니만 똑같은 놈이었군… 지금 참으면 나중에 잘된다는 소리는 누가 못하나? 참고 참아도 언제나 돼야 앞이 보일지 몰라서 답답한데… 티끌 모아 티끌, 참다가 죽는 게 문제지! 주식이면 100만 원 갖고 1억 만들고 뭐 그런 거 아냐?' 하면서 책을 덮고 중고 서점에 최상급으로 팔지는 말아달라(물론 이 책이 중고 서점에서 잘 팔리는 책이 됐으면 좋겠다). 그저 무작정 욕구를 제한하고 절약을 강요하는 위밴드 수술 같은 재테크가 아닌 구체적 사례를 얘기해보려는 것이다.

바로 대학원, 여행, 자동차 이 3가지다. 목돈이 필요한 대표적인 항목인데, 단순히 이 3가지에 돈을 쓰지 않으면 그만큼 돈이 절약된다는 말이 아니라 그 돈으로 주식투자를 했을 때 정확히 어떤 이점이 있는지 설명하고자 한다. 이 셋이 아니더라도 명품 가방이나 시계 같은 걸 사고 싶은 사람도 비슷하게 생각하면 된다.

대학원보다 주식투자

요즘은 취업을 하기도 힘들지만 취업을 하더라도 평생직장이라는 개념이 없다 보니 끊임없이 자기계발을 해야 한다는 압박이 생긴다. 시중에 범람하는 책들 가운데 하필 이 책을 골라서 읽고 있는 당신이라면 아마도 그런 자기계발 의지가 상당히 강할 것이다. 대학생이라면 대학원 진학을 고민하고 있을지도 모른다. 직장인이라도 좀 더 나은 커리어를 쌓기 위해 다니던 회사를 그만두고 대학원 진학을 생각할지 모르는 일이다. 나는 웬만하면 대학원에 가지 말고 그 학비로 주식투자를 하라고 권하고 싶다. 대부분 이 얘기를 들으면 '미친 소리'라고 일축한다. 학비를 들여 대학원을 나오면 최소한 지식이라도 쌓이는데 주식투자를 하면 원금까지 다 잃을 수도 있기 때문이다. 만약 대학원에 가지 말고 그 학비로 차라리 여행을 가라고 하면 욕을 좀 덜 먹으려나.

우리 사회는 공부에 유난히 관대해서 공부한다고 하면 아무도 말리지 않는다. PC방 가게 돈을 달라고 하면 죽일 듯이 노려보는 어머니도 공부하게 책 살 돈을 달라고 하면 선뜻 내주신다. (당연히 아들에게 책은 없고 그렇게 한국 게임업계는 성장했다.) 공부를 한다고 하면 집 안의 TV 소리가 작아지고 가족들의 발걸음이 조심스러워진다. 수능 보는 날에는 전 국민의 출근 시간이 늦춰지고 듣기 평가 시간에는 비행기가 뜨지 않는다. 공부 이외의 모든 활동은 제재당하고 감시당한다. 조기 교육까지 합치면 20여 년을 그렇게 산다. 그러다 보니 우리 인식 속에는 자연스럽게 '공부는 옳다'는 사고가 뿌리 깊이 박혀 있다. 심지어 자기 생계를 스스로 꾸려나가야 하는 게 당연한 다 큰 성인이라도 갑자기 공부를 한다고 하면 가족들이 도와주려고 하는 경우가 많다. 공부의 힘은 절대적이어서 주식을 한다고 하면 당장 집에서 내쫓을 것 같은 배우자도 공부를 한다고 하면 도와준다고 한다.

이런 사회 분위기에서 대학원 진학을 고민하는 걸 나쁘다고 하는 사람은 별로 없을 것이다. 물론 MEET(의학교육입문검사)나 DEET(치의학교육입문검사)를 쳐서 의학전문대학원이나 치의학전문대학원에 진학해 인생의 진로를 완전히 바꾸겠다는 거라면 좋은 선택이다. 하지만 그런 사람이 이 책을 읽고 있을 것 같지는 않다. 아마도 MBA를 가서 커리어를 더 탄탄히 쌓고 싶다거나 더 좋은 회사로 이직하려는 사람, 업무 관련 지식이나 스킬을 향상시키려고 하는 사람이 많을 것이다. 아니면 막연하게 지금의 학부 전공에 기반한 업무 분야가 마음에 들지 않아서 대학원에 진학해 새로운 분야를 공부해보면 어떨까 고민할 수도 있다. 물론 대학원 진학이 도움이 되는 경우도 있지만 때로는 상당히 나쁜 선택이 되기도 한다. 이를 판단하는 기준은 '학비를 얼마나 빨리 뽑을 수 있느냐'다. 먼저 대학원에 갈 경우 드는 비용을 정리해보면 이렇다.

① 대학원 학비

② 대학원 재학 기간 동안 벌 수 있는 소득(야간이나 주말 대학
원일 경우 제외)

③ 구직 비용

어림잡아 1억 원 정도 되지 않을까? 게다가 구직 때의 스트레스는 또 어떤가. 상상하기도 싫다. 그런데도 사람들은 더 나은 직장과 삶을 위해 이 비용을 투자하려고 한다. 그렇다면 이 비용을 회수하는 데 드는 기간은 얼마일까? 사람마다 다르겠지만 평균 5년 정도는 잡아야 할 듯하다. 물론 5년 뒤에는 플러스로 돌아서니 성공적인 투자라고 생각할 수도 있다. 그런데 아직 생각해볼 중요한 문제가 남았다. 이렇게 고생해서 얻은 삶의 유효기간은 얼마나 될까? 퇴직할 때까지, 손익분기점을 넘어 길어야 20년가량 지나고 나면 더는 쓸모가 없다. 은퇴하면? 할 게 없다….

그럼 만약 2년 동안 학비를 밑천 삼아 퇴근 후 주식투자 공부를 하고 업무 시간 틈틈이 실습을 해본다면 어떨까? 아니면 극단적으로 주간 대학원과 동일한 조건에서 비교하기 위해 퇴직하고 주식투자 공부를 한다고 치자. 사실 이 정도 돈과 시간과 노력이면 주식투자 실력을 상당히 향상시킬 수 있다. 대학원에 가서 어려운 공부를 하고 논문도 쓰고 취업도 할 수 있는 사람이라면 그

것과 동일한 노력을 쏟았을 때 연 10% 수익률은 충분히 낼 실력이 되지 않을까 한다. 5년이면 약 60%의 수익, 10년이면 160% 정도의 수익이 난다. 시드머니(종잣돈)가 커지기 시작하면 자산 증가에 가속도가 붙는다. 은퇴하고도 충분히 할 수 있으니 유효기간은 거의 죽을 때까지다.

대부분 '그러다가 돈을 다 날리면 어떡하나' 하는 걱정만 한다. 그런데 반대로 '그러다가 진짜 주식투자 실력이 늘면 어떻게 될까' 하는 생각은 왜 안 해보는가? 주식투자 실력이 늘 확률보다 돈을 날릴 확률이 커서라고? 그렇다면 논리적으로, 주식투자 실력을 늘릴 자신이 없으면서 주식투자보다 훨씬 어려운 대학원 공부는 어떻게 하고 논문은 어떻게 써서 교수 심사는 어떻게 통과하며 또 이 경제난에 취업은 어떻게 하려고 하는가?

물론 누구나 돈과 시간을 들이기만 하면 주식을 잘할 수 있다는 말은 아니다. 대학원에 가서 어려운 공부를 하고 논문을 쓰고 취업을 할 자신이 있으면 주식투자는 그보다 훨씬 쉬우니 훨씬 수월할 텐데 왜 다른 기준을 적용하느냐는 것이다. 다시 말해 대학원에 가서 잘할 자신이 있으면 주식투자도 잘할 자신이 있어야 한다. 자신 있다고 해서 다 성공하는 것은 아니지 않은가?

다시 말하지만 대학원을 가지 말고 주식투자를 하라는 얘기가 아니다. 대학원 진학을 고민할 때 같은 돈과 시간과 노력을 들인 주식투자 공부도 동일 선상에 놓고 고민을 해야 한다는 소리다. 단지 편견에 사로잡혀 막연히 '주식은 위험하고 공부는 좋다'는 생각을 해서는 안 된다. 주식은 생각처럼 위험하지 않고 공부는 생각처럼 절대선이 아니다. 경제적 관점에서 공부는 투자에 비해 상당히 위험하기까지 하다. 물론 둘을 동일 선상에 두고 고민했는데 몇 가지 이유로 대학원이 낫다고 결정했다면 열심히 공부하면 된다.

그래도 대학원 가서 공부하는 건 쉽고 주식투자 공부는 어렵다고 생각한다면 이 책의 3부에서 소개할 방법으로 2개월간 트레이닝을 해보자. 학교 공부야 20년 했으니 대충 어떤지 알 테고 주식투자 공부를 해보면 금방 비교가 되지 않겠는가?

여행보다 주식투자

저가항공의 성장과 함께 해외여행을 즐기는 사람들도 급증했다(코로나19 팬데믹 이후로는 거의 전생의 일처럼 되긴 했지만). 대학생들은 방학 때, 직장인들은 여름휴가나 긴 연휴에 이번엔 어디로 갈지 여행지부터 찾아보는 게 습관이 됐다. 여행이 단순히 힘든 업무나 공부에서 벗어나 재충전할 수 있는 특별한 이벤트가 아니라 일상적인 즐거움이 된 것이다.

그런데 여행을 가지 말고 그 돈으로 주식을 하라고 한다면 당연히 경악할 것이다(코로나19 팬데믹 이후로는 솔깃해하는 사람도 늘고 있긴 하지만).

'아니, 내가 1년 동안 죽도록 일해서 이제 겨우 일주일 휴가를 얻었는데 그냥 집에 있으라고?'

'나보다 돈을 적게 버는 사람도 잘만 여행 다니던데 내가 왜?'

'여행 갈 돈 벌려고 일했는데 그걸 안 가면 무슨 낙으로 살란 말이지?'

돈 버는 낙으로 사는 건 어떤가. 당신이 주식투자 공부를 열심히 했다 해도 공부한 것을 실험해보려면 결국은 투자 자금이 있어야 하는데 때로는 이 여행비가 투자 계획을 망친다.

만약 연봉 실수령액이 2,500만 원이고 생활비가 월 150만 원이라고 하면 남는 돈은 700만 원인데 이 중 상당 부분이 휴가 때 여행비로 소비된다. 물론 집안에 돈이 많아서 여행비를 대준다거나 연봉 실수령액이 5,000만 원 이상으로 아주 높다면 상관없다. 하지만 1년에 쓰고 남은 돈이 1,000만 원 미만일 경우에는 장기 해외여행은 삼가는 게 좋다. 여행비를 포함한 돈을 투자할 때와 그러지 않을 때의 수익은 시간이 갈수록 큰 차이가 난다.

당연한 계산이지만 1년에 1,000만 원을 투자해 연 10% 수익이 나는 것과 700만 원을 투자해 연 10% 수익이 나는 것은 시간이 흐르면서 점점 큰 격차를 보인다. 결정적으로 투자금이 빨리 늘지 않으면 흥미도 빨리 사라져 금방 포기하게 된다. 사놓은 종목은 조금만 더 기다리면 오를 것 같은데 다른 좋은 종목을 발견해도 살 돈이 없기 때문이다. 기껏 열심히 노력했는데 왜 소중한 기회를 버리는가?

'그럼 여행 안 가고 참았다가 주식으로 열심히 수익을 내서 수익금으로 신나게 놀러 가면 되겠네?' 하고 생각할지 모른다. 앞의 경우처럼 주식투자금을 줄여가며 여행을 가는 것보단 낫지만 역시 바람직하진 않다. 이게 아주 중요한 개념인데, 주식투자자들 중 일부는 설명하지 않아도 그 사실을 스스로 체득한다.

당신이 1년에 1,000만 원을 주식에 투자해 200만 원을 벌었다고 치자. 연 20%의 수익률은 은행 이자의 20배에 달하는 엄청난 고수익이다. 투자금 추가 납입 없이 이 수익률을 30년 유지한다면 당신은 1,000만 원 × (1.2^30) = 2,373,763,138원, 약 23억 7,000만 원을 손에 쥐게 된다. 자, 그런데 200만 원을 번 당신은 너무 신난 나머지 번 돈 200만 원으로 해외여행을 다녀왔다. 그럼 당신의 투자 원금은 1,200만 원에서 다시 1,000만 원으로 줄어든다. 주식투자로 돈을 벌어서 그 돈으로 여행을 다녀왔으니 잘한 일이라고 만족하겠지만 이다음 해에 당신이 또 연 20%의 수익률을 내면 1,440만 원이 될 수 있었던 잔고가 1,200만 원밖에 안 되는 것이다. 당신이 또다시 이 200만 원으로 여행을 간다면 투자금은 다시 1,000만 원이 되고 내년에 발군의 실력으로 연 20% 수익을 달성하더라도 여전히 200만 원밖에 벌지 못한다. 2년 동안 해외여행을 안 갔다면 728만 원인데! 게다가 이건 초기 1,000만 원에서 투자금을 늘리지 않았을 때의 얘기고 계속 번 돈을 투자 원금에 추가하면 자산 증식 속도는 걷잡을 수 없이 빨라진다. 이를 반복할수록 당신은 세상에서 가장 비싼 여행을 하는 셈이다. 그런데… 미래 가치를 날려먹는 것에 비해 편한 여행을 하긴 힘들 것 같다. 200만 원으로 외항사 이코노미석을 타고 환승해가며 꼬박 하루 걸려 목적지에 도착하느니 몇 년 참았다가 직항 비즈니스석을 타고 가는 게 낫지 않은가?

심리학에서는 이를 욕구 지연으로 설명한다. 아이를 양육하는 과정에서 아이가 요구하는 것을 바로 들어주기보다 하고 싶은 것을 참으면 더 큰 보상을 주는 시스템을 통해 참을성을 길러주면 좋다는 것이다. 예를 들어 아이가 원하는 장난감이 있을 때 그 자리에서 바로 사주지 않고 심부름을 해야 사준다든지, 시험을 잘 보면 사준다든지 하는 식으로 양육하는 쪽이 더 바람직하다고 한다. 이때 욕구 지연이 잘되는 아이는 그렇지 못한 아이보다 성공 가능성이 훨씬 크다고 알려져 있다. 이는 주식투자에도 똑같이 적용된다. 현재의 욕구를 참으면 훨씬 더 큰 보상이 기다리고 있다. 그러나 막상 그 상황에 놓이면 큰 보상은 너무나 멀게 느껴지고 당장 할 수 있는 일은 손에 잡힐 듯 가까이에서 유혹하기 때문에 참기가 힘들다.

'왜 하필 여행이냐? 다른 소비를 줄이고 여행을 가면 그게 그거 아니냐?'고 할 수도 있겠다. 내 경험상 다른 부분에서 소비를 줄이려면 일상의 모든 순간에 욕구를 참고 신경 써야 해서 짜증이 커지지만 여행은 비교적 큰 단위라 한번 안 가면 그만이기 때문에 그렇다. 예를 들어 커피를 덜 마신다든지 택시를 덜 탄다든지 하면 금방 의지가 약해지고 결심을 유지하기가 힘들다. 그래도 여행을 꼭 가야만 한다면 다른 소비를 열심히 줄이는 것도 방법은 된다.

물론 다 실력이 뒷받침된다는 전제 아래 하는 말이다. 꾸준히 안정적인 수익을 얻을 실력이 없으면 이런 논의 자체가 모두 무의미하다. 그런데 실력을 기르기 위해서는 어느 정도 투자금이 필요하므로 결국 실력이 있든 없든 장기 해외여행은 무리라는 가슴 아픈 결론이 나온다. 당신이 태어나서 지금까지 견뎌온 학교─학원 사이클, 극심한 경쟁, 성적으로 다른 것까지 서열화되는 사회, 스펙 쌓기, 상류층의 새치기, 금융 교육을 받은 적도 없이 재테크 직면, 취업난, 비정규직 폭증, 과중한 업무, 꼰대 문화, 실적 악화, 불공정한 인사 평가 등등에 비하면 그나마 낫지 않을까? 별 위로가 안 된다면 미안하다.

자동차보다 주식투자

앞서 '여행보다 주식투자'를 읽었다면 이제 제목만 봐도 어느 정도 감이 올 것이다. 사회 초년생은 소득이 생기면서 자동차를 사는 경우가 많다. 주식투자 측면에서 보면 절망적인 일이다. 물론 차는 할부로 살 수 있기 때문에 초기에는 많은 자금이 들어가지 않아 그 돈을 주식투자 원금으로 쓴다 해도 얼마 안 된다. 그러나 미래에 버는 소득을 꼬박꼬박 차량 할부금을 내는 데 쓰는 것과 주식 계좌에 차곡차곡 쌓는 것은 천지 차이다. 게다가 유지비는 또 어떤가? 차량 할부금에 유류비, 보험료, 세금 등을 합하면 꽤 큰 금액이다. 이 돈을 주식투자 원금으로 적립한다면 상당한 수익금을 기대할 수 있다.

이렇게 반문할 수도 있다. '차는 사면 타고 다니기라도 하고 중고차 가격이라도 남지만 주식투자를 했다가 원금을 잃으면 아무것도 얻지 못하고 도박판에서 돈을 잃은 것처럼 허무하게 끝나는 거 아닌가?' 물론 일리 있는 말이다. 아무런 준비 없이 남들이 좋다는 종목을 사거나 뉴스만 보고 호재가 있으면 사는 식으로 투자를 할 거라면 차라리 차를 사는 게 낫다. 자동차 구매를 미루라는 건 그 돈으로 일확천금을 노리라는 뜻이 아니라 주식투자에 필요한 준비를 하면서 공부한 내용을 실천해볼 원금으로 쓰라는 뜻이다. 당신이 지금부터 열심히 주식투자를 공부해서 2개월 정도 뒤에 실전에 투입될 준비가 됐는데 차를 이미 사버렸다면 투자할 돈이 여의치 않을까 봐 걱정돼서 하는 말이다. 실제로 사회 초년생의 경우 일정한 소득이 매달 들어온다는 기쁨에 로망이었던 드림카를 덜컥 샀는데 뒤늦게 주식투자에 관심이 생겨 후회하는 모습을 몇 번 본 적이 있다. 사회 초년생이 아니더라도 주식투자에 별 관심이 없다가 차를 산 뒤에 주식투자에 재미를 붙이는 바람에 투자를 하고 싶은데 마음껏 하지 못해 괴로워하는 경우는 꽤 많이 봤다. 그래서 만약 이 책을 읽는 사람 중에 아직 본격적으로 주식투자를 해보지 않았는데 자동차 구매 계획도 있는 사람이 있다면 먼저 주식투자를 공부해보고 도저히 안 맞는다 싶으면 그때 자동차 구매를 고려해보길 추천한다.

또 이런 질문을 할 수도 있다. '자동차를 안 사는 것까지는 동의하는데 왜 하필 주식투자인가? 그 돈을 저축하면 잃을 일이 없는데 위험한 투자보다는 안정적인 저축이 더 낫지 않은가?' 이 역시 대답은 같다. 준비 없이 투자를 막 할 바에야 저축을 하는 편이 낫다. 일이 너무 바빠서 도저히 주식투자 공부를 할 여력이 없다면 절대로 투자를 해선 안 되고 저축을 해야 한다.

그러나 충분한 시간이 있는데 이왕 자동차 구매 욕구를 참고 절약하기로 마음먹었다면 단순히 아낀 만큼의 돈만 쌓이는 저축보다 내 노력 여하에 따라 높은 수익률을 낼 수 있는 주식투자가 낫지 않겠는가? 내 차 마련의 꿈까지 접고 대중교통을 타고 다니는데 단순히 그 돈이 그대로 통장에 쌓여 있기만 하다면 왠지 좀 억울하다. 나중에 정말 차가 필요해졌을 때 통장에 그대로 쌓아놓은 돈을 쓰면 남는 게 없지 않은가? 결국 자동차 구입 시기만 미뤘을 뿐이다. 이자가 있긴 하지만 그만큼 신차 가격도 올라 있을 것이다. 하지만 열심히 노력해서 투자 원금을 불려놨다면 나중에 차를 사고도 돈이 남는 결과를 얻을 수 있다.

자, 이제 당신은 학업도 포기하고 여행도 포기하고 자차 마련도 미뤘다. 이제 경제적으로는 더 포기할 게 없다. 여기서 생활비까지 줄이라고 하면 나중에 정신과 진료비가 더 들 수도 있다. 결국 이게 다 행복해지자고 하는 일인데 큰 소비 몇 개만 참으면 되지 일상생활에서 친구들 만나서 쓰는 돈까지 줄일 필요는 없다.

그런데 주식투자를 시작해 수익을 내고 재미를 붙이기 시작하면 큰 소비뿐만 아니라 작은 소비까지도 아끼는 사람을 정말 많이 봤다. 처음에 30만 원 정도의 소액으로 주식투자를 했다가 2만 원, 3만 원씩 벌고 나면 갑자기 돈을 있는 대로 아끼거나 갖고 있던 귀중품을 팔아서 주식투자 원금을 늘리려고 한다. 누가 시키지 않아도 돈 욕심에 눈이 멀어 그렇게 되는 것이다. '30만 원으로 2만 원 벌었는데 300만 원을 투자했으면 20만 원 아냐?' 하면서. 그래서 주식투자를 해서 돈을 벌면 벌수록 실생활에서는 거지꼴이 돼가는 경우도 많다. 커피를 먹느니 A종목 1주를 더 사겠다면서 말이다. 그래도 본인만 즐겁다면 말릴 수야 없지 않은가. 그런데 조심해야 할 점은 초반에 푼돈으로 할 때는 돈이 잘 벌리다가 투자금을 늘렸더니 망하는 케이스다. 푼돈일 때는 잃어도 그만이라는 마음으로 부담 없이 했지만 투자금을 늘리면 '이 돈은 절대 잃으면 안 돼'라든지, '이 돈에서 20%면 대체 얼마야? 한 번에 왕창 벌어야지' 같은 마음이 생기기 때문이다.

이런 마음을 가지면 안 된다고 말해봤자 소용이 없다. 쓸 돈 아껴서 투자 원금을 늘렸다는 것부터 이미 욕심으로 가득 찬 상태이고 어떤 말도 귀에 들어오지 않기 때문이다. 그냥 이 역시 실력이 느는 과정의 일부로 자연스럽게 받아들이는 게 낫다.

2장

일이냐 주식이냐,
그것이 문제로다

그게 왜 문제예요?

보통 사람에게 "너 일하지 말고 주식투자 해라"라고 말하면 미친 사람 취급을 받을 것이다. 주식투자가 꿈을 이루는 수단이기는커녕 강원랜드급으로 허황되게 여겨지는 이 나라에서 저런 소리를 했다가는 도박 중독자와 비슷한 처지로 전락한다.

그런데 정말 일을 하는 게 주식을 하는 것보다 나을까? 이 물음의 답을 진지하게 생각해본 사람이 얼마나 될지 모르겠다. 막연히 일은 하는 만큼 돈을 받지만 주식투자는 힘들게 일해서 번 돈 다 날릴 수 있으니 당연히 일을 하는 게 더 낫다고 생각하는 것 아닐까?

이때 착각하지 말아야 할 점은 하던 일을 때려치우고 주식투자를 하라는 말은 결코 아니라는 것이다. 지금 직장이 있다면 당연히 일을 하면서 주식을 병행하는 것이 가장 좋다. 이유는 앞서 '여행보다 주식투자'에서 설명한 원리와 비슷하다. 회사를 안 다니고 주식투자만 하면 주식투자를 해서 얻은 수익을 생활비로 써야 한다. 따라서 연 20%의 경이적인 수익률을 올리는 실력자라도 번 돈을 족족 뽑아서 쓰다 보면 투자 원금은 늘 제자리걸음이기 마련이다. 퇴근 후 여가 시간을 주식투자 공부에 최대한 할애하고 월급이 들어오는 상태에서 주식투자 원금을 계속 늘려가는 것이 경제적으로 가장 이상적인 모습이다.

'일이냐, 주식이냐'를 물은 것은 이 둘의 가치를 비교해보려는 뜻에서다. 일을 하는 것과 주식투자를 하는 것, 어떤 것에 인생의 비중을 실어야 현명한지 함께 생각해보자.

회사 일보다 주식투자

당신은 지금 회사를 다니고 있는가? 다닌다면 회사에서 하는 일은 만족스러운가? 혹시 누구나 할 수 있는 일을 하고 있지는 않은가? 20년 동안 놀지도 못하고 공부해 대학에 가고 열심히 스펙 쌓아 힘들게 들어간 회사에서 나만이 할 수 있는 가치 있는 일을 하고 있는가?

경험해본 바로는 스타트업을 제외하면 그런 경우는 거의 없다. 회사는 하나의 조직이라 각자가 조직의 일부로서 맡은 업무가 있고 그 일은 전임자가 하던 업무이며 앞으로 내가 후임자에게 넘겨줘야 할 업무다. 따라서 업무 매뉴얼이 표준화돼 있어야 하고 누가 그 자리에 오든 금방 대체 가능하도록 시스템이 형성돼 있어야 전체 프로세스에 문제가 없다. 개인 역량에 지나치게 의존하면 그 사람이 퇴사했을 때 조직 전체에 문제가 생기니 대부분의 기업이 철저한 분업화와 업무 표준화를 추구한다. 기업에서 유연한 조직 문화를 만들겠다며 호칭을 바꾸고 직급을 줄이고 앉는 자리를 자유롭게 선택하게 해도 이 사실만은 변하지 않는다.

그런데 문제는 대부분의 신입 사원이 대학생 시절 스펙을 쌓는 과정에서 다른 지원자들보다 튀기 위해 상당히 개성 있는 활동을 많이 한다는 것이다. 공모전에도 나가고 봉사 활동도 하고 각종 대외 활동도 하면서 자연스럽게 '남들과는 다른 나'를 부각하는 훈련을 한다. 입사 원서를 쓸 때도 내 인생이 얼마나 남들과 다르고 특별한지, 그 점이 이 회사에 어떻게 좋은 방향으로 작용할지 쓴다. 이런 식으로 합격을 하고 나면 입사 후에도 계속해서 뭔가 남들과는 다른 일을 할 거라고 기대하기 쉽다. 그러나 현실은 정반대다.

기업이 분업화와 업무 표준화를 추구하는 것은 잘못이 아니고 신입 사원이 남들과는 다른 일을 할 거라는 기대를 품는 것도 잘못이 아니다. 둘 다 그만한 이유가 있다. 다만 이 둘이 충돌할 때 일방적으로 희생해야 하는 것은 조직이 아니라 개인이다. 조직은 쉽게 변하지 않는다. 개인이 현실을 깨닫고 적응하거나 못 견디면 나가야 한다. 그런데 막상 나가자니 생계가 걱정돼 그냥 참고 다니는 경우가 많다. 대신 여가 시간에 자신만의 취미 활동을 하면서 '워라밸work-life balance'을 찾는다. 유튜브 크리에이터로 활동한다든지, 앱을 개발한다든지, 책을 쓴다든지 하는 식으로 말이다. 그나마 이런 활동들도 취업 규칙에 명시된 겸업 금지 조항 때문에 몰래 하는 경우가 태반이다. 이런 일들이 단지 돈을 더 벌기 위한 것일까? 물론 그런 이유도 클 것이다. 그러나 근본적으로는 회사는 생계유지를 위해 다니면서 진정한 '나만의 일'은 회사 밖에서 스스로 찾은 것이다. 나만이 제공할 수 있는 콘텐츠를 통해 세상에 내 존재를 알리려는 외침이다.

이렇게 말하면 많은 사람이 '그건 동영상 편집 기술이나 앱 개발 능력이 있는 일부 사람에게나 해당되는 소리지' 하고 생각할지 모른다. 그렇다면 이런 기술을 갖추기만 하면 누구나 그렇게 할 수 있을까? 절정의 동영상 편집 기술이 있어도 이야깃거리가 없다면? 다른 크리에이터의 편집 아르바이트밖에 못한다. 뛰어난 앱 개발 능력이 있어도 만들 내용이 없다면? 코딩 아르바이트밖에 못한다. 핵심은 자신만의 콘텐츠가 있어야 한다는 것이다. 콘텐츠만 있다면 동영상 편집 기술이나 프로그래밍은 배우면 될 일인데, 꾸준히 생산해낼 이야깃거리가 부족해서 못하는 경우가 대부분이다. 결국 나만의 일은 기술적인 것이 아니라 꾸준히 생산할 수 있는 콘텐츠의 문제인 것이다.

만약 당신이 이런 상황에서 나만의 일을 찾고 있는 중이라면 주식투자가 완벽한 해답이 될 수 있다.

① 나만의 콘텐츠

당신이 만약 영화 〈겨울왕국 2〉 관련주로 SM Life Design의 주식을 사서 수익을 냈다고 치자. 이것을 다른 사람들에게 자랑하려고 할 때 나름의 매수 이유를 언급할 것이다. 이전에 〈어벤져스: 엔드게임〉 개봉 당시 디즈니 관련주로 주가가 올랐으니 이번에도 오를 듯해 샀다든지, 경제 뉴스레터인 〈어피티UPPITY〉의 머니레터에 그렇게 쓰여 있었다든지 하는 것들 말이다. 그것이 바로 당신만의 이야깃거리, 즉 콘텐츠가 된다. 처음엔 남의 말을 듣고 주식을 살지 몰라도 시간이 지나다 보면 스스로 찾게 돼 있다. 어떤 종목이 오를까 고민하고 찾는 과정 그리고 실제로 그 종목을 매매했을 때의 결과가 바로 '나만의 콘텐츠'가 된다. 이 모든 과정을 거창하게 동영상으로 편집해서 유튜브에 올리거나 책을 쓸 필요는 없다. 그저 주변 사람들과 경험을 나누고 스스로 깨닫기만 해도 된다. 비유하자면 주식투자는 방구석 여행과도 같다. 매일 내게 수익을 안겨줄 종목을 찾아 여행을 떠나고 그 과정에서 일어난 일들은 나만의 콘텐츠가 된다.

② 꾸준한 이슈

이런 콘텐츠가 있다 하더라도 일회성이나 단기에 그치면 금방 흥미를 잃기 마련이다. 다행히(?) 주식시장은 하루도 바람 잘 날이 없다. 계속해서 새로운 이슈가 생긴다. 새로운 영화와 드라마 제작 소식이 매일같이 쏟아지고 신곡은 이 기획사 저 기획사 이 가수 저 가수 돌아가며 발표되고 모바일이나 PC 신작 게임도 쉴 새 없이 개발된다. 날씨는 더워지고 추워지고 때 되면 미세먼지도 온다. 기업은 앞다퉈 신제품을 출시하고 바이오업계에서는 이 회사 임상 1상이 끝나고 나면 저 회사 임상 2상이 끝난다. '이거 하고 나면 다음에 뭐 하지?' 같은 고민은 있을 수가 없다.

③ 즉각적인 물질적 보상

당신이 회사에서 하는 일은 보상이 더디다. 아무리 일을 잘했어도 연말 고과 평가에나 반영될까 말까다. 내가 진급한 지 얼마 되지 않았다면 다른 진급 대상자에게 밀려 고과를 깔아주기 일쑤다. 개인의 입장에서는 분명 공정하지 못한 처사다. 그렇다고 공정성을 기하자니 잘하는 사람만 늘 잘하기 마련이라 그 사람만 계속 높은 점수를 받게 된다. 그럼 어떻게 될까? 나머지 사람들은 진급도 못하고 다른 본부나 동기와 자신을 비교하며 회사에 대한 충성도가 현저히 떨어질 게 뻔하다. 연공서열과 무관한 객관적이고 공정한 인사 평가는 본질적으로 불가능한 일이다.

그러나 주식투자의 세계는 어떤가? 노력한 만큼 결과와 보상이 즉시 나온다. 내가 올바른 판단을 하면 곧바로 수익이 나고 틀린 판단을 하면 곧바로 손실로 연결된다. 손실이 두려운가? 잘못했으면 잘못했다고 바로바로 알려주는 게 얼마나 중요한지 모르고 하는 소리다. 내가 잘못하는지도 모르고 있다가 나중에 호되게 당하는 것보다는 초반부터 내가 잘했는지 못했는지 빨리 자각하고 경로를 수정할 수 있는 쪽이 훨씬 낫지 않을까?

④ 워라밸

앞서 말했듯이 유튜브 크리에이터나 기타 수익 활동은 대부분 기업의 취업 규칙에 포함된 겸업 금지 조항에 위배된다. 하려면 아무한테도 얘기하지 않고 몰래 해야 한다. 이런 활동들은 시간도 많이 든다. 10분짜리 동영상 하나를 편집해서 올리는 데 거의 반나절이 걸린다. 주말 하루가 날아가는 셈이다. 그럼 워라밸이 무너진다. 그에 비해 주식투자는 상대적으로 적은 시간을 투자해 많은 효과를 볼 수 있다. 물론 몇 번 수익을 냈다고 자만심에 빠져 게을러지고 시간을 들이지 않으면 큰 화를 면치 못하지만 그렇지 않고 꾸준히 시간을 들이기만 한다면 시간 대비 효율은 주식투자만 한 게 없다.

이처럼 주식투자는 회사를 다니면서 나만의 일을 찾는 이들에게 완벽한 해법이 될 수 있다. 퇴근 후나 주말에 일정한 시간을 쏟아 자신 있는 만큼만 투자한다면 초반에야 몇 번의 실패를 겪더라도 이후 안정 궤도에 오를 수 있다.

'꼭 이렇게까지 열심히 살아야 하나?' 하고 생각할 수도 있다. 그냥 회사에서 9 to 6로 일해서 월급 받고 여가 시간엔 놀고 그렇게 살면 안 될까? 물론 현재 직장이 지금 상태를 유지하거나 그보다 더 좋아지고 모든 환경이 지금과 같거나 더 나아진다는 보장만 있다면 그렇게 살아도 된다. 그러나 그렇지 않다면 그저 남이 시키는 일만 하면서 남의 돈을 받는 인생을 사는 한 나만의 콘텐츠는 절대로 생길 수 없고 작은 충격에도 삶 전체가 흔들리고 만다. 퇴근하고 열심히 놀다가 갑작스러운 조직 변동, 인사이동, 세대교체, 서열 파괴, 신규 사업 진출 등에 충격받아 맨날 보는 회사 사람들과 옹기종기 모여 회사 욕이나 하면서 인생을 보낼 것인가, 아니면 그런 것에 구애받지 않고 나만의 콘텐츠로 무장하고 살아갈 것인가? 어디까지나 당신이 선택할 문제다.

창업보다 주식투자

창업을 하려는 이유는 여러 가지가 있을 것이다. 여기서 말하는 창업은 '할 게 없어서 하는 창업'이다. 정말 훌륭한 아이템이 있거나 꼭 하고 싶고 해야만 하는 창업이라면 인생을 바쳐서 해야 한다. 그러나 취업이 안 돼서 또는 은퇴하고 할 일이 없어서, 회사와 육아를 병행하기가 너무 힘들어서 등의 이유로 뭘 해볼까 하고 창업을 고민한다면 주식투자도 한번 생각해보라고 권유하고 싶다.

앞에서 하지 말라고 했던 일들은 그 일을 안 함으로써 포기해야 하는 것이 확실했다. 대학원 학위, 여행의 즐거움, 자동차라는 재화 등이 그렇다. 그러나 창업은 장사가 안 되면 투자한 돈을 잃을 수 있다는 점에서 앞의 것들과는 성격이 다르다. 창업을 하는 데는 엄청난 노력과 시간이 들어간다. 특히 할 게 없어서 하는 창업에는 초기 투자비가 많이 들어간다. 대부분 상가를 임대해 인테리어를 하거나 권리금을 내고 다른 사람이 하던 걸 받아서 시작하기 때문이다. 반면 자신이 정말 잘할 수 있는 일이 뚜렷하고 전문성이 있으면 집에서 PC 1대만 있어도 충분히 사업을 시작할 수 있는 경우가 많다. 고객을 직접 상대해야 해서 꼭 번듯한 사업장이 필요한 일이라도 전문성이 있으면 성공할 확률이 훨씬 높다. 결국 전문성 없는 창업은 상당한 리스크를 안게 되고 그 리스크는 주식투자보다 클 수도 있다.

왜 시간과 노력과 돈을 들여 창업했는데 실패하는가? 보통은 창업주 잘못이라고 생각하기 쉽다. 아이템이 안 좋아서, 목이 안 좋아서, 마케팅을 잘 못해서, 직원을 잘못 뽑아서 등등. 물론 맞는 말이다. 그러나 더 본질적인 이유는 바로 '경쟁'이다. 뭘 하든 경쟁이 너무 극심하다 보니 본인은 별로 잘못한 게 없어도 망한다. 처음 시작할 때는 경쟁이 없던 시장이라도 어느 순간 갑자기 경쟁이 불붙어 포화 상태에 이를 수도 있다. 유망한 업종이라면 더더욱 그럴 것이다. 그런데 경쟁이 심화됐다고 지금까지 해온 사업을 접고 쉽게 다른 업종으로 갈 수 있는가? 불가능하다. 그 경쟁에서 살아남기 위해 제 살을 깎아 먹으며 생존 전략을 펴

다가 폐업의 길로 들어선다. 주변에서 시간이 지날수록 개업 때보다 더 나아지는 음식점을 본 적이 있는가? 보통 음식점은 처음 열었을 때가 가장 좋다. 고객 유치를 위해 손해를 보더라도 재료도 좋은 걸로 아낌없이 쓰고 직원들도 친절하기 때문이다. 그런데 장사가 어느 정도 잘되기 시작하면 주변에 비슷한 음식을 파는 집이 하나둘씩 생긴다. 그러다 보면 점차 가격 경쟁이 시작돼 값을 낮추려고 질 낮은 재료를 쓴다거나 외국인을 고용한다. 그렇게 그 식당은 점점 나빠진다. 그렇다고 '옆에 비슷한 음식점이 생겼으니 폐업하고 다른 곳으로 가자' 할 수도 없는 노릇이다.

반면 주식투자는 어떤가? 잘못된 판단으로 어떤 종목에 투자하더라도 바로 빠져나올 수 있다. 다시 유망한 곳을 찾아 투자할 수도 있다. 자영업의 세계는 실패를 용납하지 않지만 주식투자의 세계에서는 실패해도 얼마든지 재기할 수 있다. 주식투자에는 경쟁이 없기 때문이다. 길 건너에 나와 비슷한 업종의 가게가 들어서면 바로 긴장해야 하지만 다른 사람이 나와 같은 이유로 같은 종목을 샀다고 해서 내가 영향받을 일은 없다. 그냥 스스로 좋다고 생각하는 종목을 사고팔면 그만이다. 오히려 주식투자는 내가 투자한 종목이 사람들의 관심을 많이 받고 다른 사람들이 같이 살수록 더 좋다.

창업보다 주식투자가 나은 또 다른 이유는 바로 '새로운 기술과 산업의 등장'이다. 디지털카메라가 발명되면서 사진관이 문을 닫고 스마트폰이 개발되면서 디지털카메라 판매점이 사라졌다. 편의점이 확산돼 슈퍼마켓이 줄어들고 모바일게임 열풍으로 PC방이 파리를 날리고 H&B 스토어 때문에 화장품 로드숍이 망한다. 이 모두를 자영업자 탓이라고 할 수 있는가? 산업의 변화를 속속들이 예측하고 대응할 수 있으면 전설적인 투자자가 됐지, 왜 자영업을 하겠는가? 내가 잘못한 게 없어도 급변하는 산업구조 탓에 어려움을 겪는 사업자가 부지기수다.

그러나 주식투자에서 새로운 산업의 등장은 곧 기회다. 신제품이나 신산업의 인기는 투자자들의 구미를 당기고 그쪽으로 엄청난 자금이 몰린다. 자영업자에게는 위기이자 대응해야 할 대상이 투자자에게는 크나큰 기회인 것이다. 앞으로 새로운 산업은 늘 등장할 텐데 그때마다 불안에 떨면서 어떻게 해야 하나 걱정할 것인가, 아니면 기뻐하면서 투자 기회를 잡을 것인가? 진지하게 생각해볼 문제다.

자, 지금까지 당신이 꿈꾸는 그 어떤 것보다 주식투자가 더 좋은 이유를 살펴봤다. 그럼 이제 앞에서 말한 대로 독하게 마음먹고 가고 싶은 여행도 미루고 만원버스에 시달리며 출근해 퇴근 후에는 넷플릭스도 마다하고 밤잠을 아껴가며 열심히 주식 공부

를 하는 사람들이 어떻게 망해가는지 알아보자. 약 주고 병 주는
게 아니다. 이 사례들만 피하면 크게 성공은 못해도 쫄딱 망하는
일은 없을 것이다.

3장

님아, 그런 투자는 하지 마오

목표를 세우지 마라

주식투자는 결국 돈을 벌기 위해 하는 것이다. 주식투자 자체가 재밌다 어떻다 해도 결국 돈 잃으면 떠난다. 주식투자로 번 돈은 저마다 쓸 데가 있기 마련이다. 그래서 대부분의 사람이 주식투자를 할 때 목표 금액을 정해둔다. 1달에 50만 원씩 번다든지, 내년까지 1,000만 원을 만든다든지 하는 식이다. 막연하게 이 정도 벌어야지 하는 사람도 있지만 구체적으로 차를 사겠다, 가방이나 시계를 사겠다 하는 식으로 명확한 소비처가 정해진 경우도 있다.

사람들은 이런 목표 설정이 동기를 부여한다고 믿는다. 아무런 목표가 없으면 열심히 할 이유도 없다는 것이다. 그러나 이는 잘 못된 생각이다. 잘못된 정도가 아니라 자칫하면 투자를 완전히 망칠 수도 있는 상당히 위험한 행위다. '목표를 세워서 열심히 하는 게 위험하다고? 성공하는 방법을 알려주는 자기계발서들에서 읽은 얘기랑 정반대인데?' 하고 생각했다면 이제 그 이유를 살펴보도록 하자.

시장에는 흐름이라는 것이 있다. 시장에 영향을 미치는 여러 변수에 따라 그 흐름이 바뀐다. 예를 들어 미·중 무역전쟁이 일어난다든지, 일본이 우리나라와의 외교 문제에 대한 경제보복으로 수출 규제 등을 하면 그에 따라 시장이 들썩이고 이전과는 다른 흐름이 형성된다. 단순히 코스피KOSPI지수(국내 종합주가지수)가 요동치는 것이 아니라 시장 분위기 자체가 바뀐다는 점이 중요하다. 즉, A라는 섹터(각 종목이 속한 산업)가 잘 나가고 있다가 큰 사건이 터지면서 지수가 하락하는 바람에 A섹터 종목이 하락한 뒤다시 지수가 회복될 때는 B섹터가 치고 나가는 식이다. 예전과 똑같은 뉴스가 나왔는데도 더는 주가가 올라가지 않기도 하고 이전에는 주가에 영향을 주지 않던 요소들이 새로운 변수로 등장하기도 한다. 이렇듯 시장은 살아 움직이는 생명체처럼 변화한다.

그리고 투자자라면 누구나 자신만의 투자법이 있기 마련이다. 초보자의 경우 처음 배운 방법에 집중하다가 점차 이런저런 투자법을 시도해보면서 내게 맞는 방법을 찾아간다. 투자법은 사람마다 다르고 자신이 처한 환경이나 성격에 좌우되는 경우가 많다. 예를 들어 회사 일이 너무 바쁜 사람이라면 짧은 시간에 매수(주식을 사는 행위)·매도(주식을 파는 행위)를 해야 하는 '단타'보다는 사놓고 몇 주 정도 놔둘 수 있는 종목을 찾는 투자법에 시간을 할애하고, 아이를 학교에 보내고 나면 자유롭게 시간을 쓸 수 있는 전업 주부라면 반대로 단타성 종목을 찾는 데 열중하는 식이다. 이런 투자법은 세상에 수도 없이 많기 때문에 어떤 것이 절대적으로 낫다고 할 수는 없다. 가장 좋은 투자법은 내 환경에 맞는 투자법이다. 그리고 그런 투자법은 굳이 누가 알려주지 않아도 스스로 찾아가게 돼 있다.

문제는 시장의 흐름과 자기만의 투자법이 잘 맞을 때가 있고 아닐 때가 있다는 것이다. 시장의 상태가 A→B→C로 변화하는데 내 투자법은 A에서는 50%, B에서는 80%, C에서는 30%의 확률로 성공한다고 가정해보자. 어떻게 해야 가장 좋을까? A 상태일 때는 투자 원금의 절반 정도를 투자하고 B 상태일 때는 공격적으로 가진 돈을 과감하게 투자하고 C 상태일 때는 투자를 쉬어야 한다. 하지만 내가 매달 주식으로 50만 원을 버는 게 목표인 투자자라면? B 상태일 때 돈을 더 벌 수 있음에도 목표를 이미 달성해 안주하는 바람에 추가 기회를 놓치기 쉬운 건 물론이고 더 큰 문제는 투자를 쉬어야 하는 C 상태에서도 투자를 해 원금을 까먹는다는 것이다. 그러면 손실을 만회하고 월 50만 원이라는 목표를 달성하기 위해 더 무리한 투자를 하게 되고 어느덧 돌이킬 수 없는 수렁에 빠지고 만다.

바로 이게 주식투자를 잘하다가도 갑자기 망하는 가장 큰 이유다. 만약 그런 목표를 설정하지 않았다면 한번 손절하고 끝나고 말았을지 모른다. 100만 원에서 50%를 벌면 150만 원이 되지만 거기서 50%를 잃으면 75만 원이 된다. 돈을 벌고 나서 그와 같은 비율로 잃으면 돈이 줄어든다. 반대로 100만 원에서 50%를 잃으면 50만 원이 되고 거기서 50% 수익을 내면 75만 원이 된다. 돈을 잃고 나서 잃은 것과 같은 비율로 벌면 회복이 다 안 된다. 100만 원이 있었는데 반 토막이 나서 50만 원이 되면 투자 원금이 줄기 때문에 다시 100만 원을 만들려면 수익률 100%를 달성해야 한다. 이렇게 한번 큰 타격을 받으면 투자 원금을 외부에서 수혈해 오지 않는 이상 회복이 힘들어지고 결국 '나는 주식이랑 안 맞아. 주식은 다 도박이야' 하면서 떠나고 만다.

'그럼 시장의 흐름을 잘 타면 되지 않나?' 하고 물을 수 있다.

물론 이론적으로는 맞는 말이다. 방법은 투자법을 여러 개 쓰는 것인데 A 상태에서는 승률 80%짜리 투자법, B 상태에서는 승률 95%짜리 투자법, C 상태에서는 승률 70%짜리 투자법으로 바꾸면 된다. 마치 야구에서 다양한 구종을 구사하는 투수처럼 말이다. 문제는 이 대안이 현실적이지 않다는 데 있다. 메이저리그에서조차 타자의 특성에 따라 구종을 달리 구사하는 투수는 극히 드물어서 그런 선수가 FA 시장에 나오면 천문학적인 돈을 받는다. MMORPG에서도 적의 유형만큼 다양한 아이템을 가진 게이머는 드물다. 투자의 세계도 마찬가지다. 대부분의 투자자들이 상황에 맞는 투자법을 구사하지 못한다. 배우면 되지 않냐고? 당신이 새로운 상황에 맞는 새로운 투자법을 익혔을 때쯤이면 이미 시장의 분위기는 바뀌어 있을 것이다. 결국 늘 뒷북만 치는 신세가 된다.

'그럼 결국 주식시장은 투자자가 돈을 벌 수 없는 구조라는 거 아닌가?' 하는 의심이 들 수도 있다. 절대 아니다. 내가 자신 있는 전장에서 최대한 과감하게 투자하고 자신 없는 곳에서는 안 싸우면 된다. 그런데 목표가 있으면 자신 없는 곳에서도 자꾸 싸운다. 이번 달 얼마를 벌겠어, 올해 말까지 얼마를 벌겠어, 결혼하기 전까지 얼마를 벌어서 보태겠어, 내가 돈을 확 벌어서 이놈의 거지 같은 회사 올해 안에 때려치우겠어… 이런 목표가 많은 사람을 무리한 투자로 몰고 가는 것이다.

얼핏 '욕심내지 말라'는 얘기 같지만 실상은 전혀 다르다. 욕심내지 말라는 것은 주식을 해서 큰돈을 벌 생각 자체를 하지 말라는 것이다. 수많은 주식투자 조언 중에서 가장 이해 안 되는 것 중 하나가 '큰돈 벌 생각 하지 말고 은행 이자보다 나은 정도의 수익을 기대해'다. 아니, 큰돈을 벌지 못할 거면 도대체 왜 시간을 들여가며 주식투자를 배우는가? 그 시간에 놀고 말지. 당연히 주식투자는 큰돈을 벌려고 하는 게 맞다. 그런데 그 큰돈을 벌려면 자기 자신을 잘 파악하고 이길 자신이 있는 곳에서만 싸워야 한다. 그게 쌓이고 쌓이면 어느 순간 자산은 불어나 있을 것이다.

사실 목표가 성과 달성에 별 도움이 안 된다는 건 나 혼자만의 주장이 아니다. 세계에서 가장 인기 많은 아이돌을 키워낸 빅히트 방시혁 대표이사가 2019년 2월 서울대학교 졸업식에서 연설한 졸업 축사를 보도록 하자.

(생략) 그랬던 제가 어쩌다 음악 프로듀서가 됐을까요? 사실 기억이 잘 안 납니다. 많은 분들께서 서울대생이 음악을 직업으로 삼기까지는 대단한 에피소드나 굉장한 결단이 있었을 거라고 추측하시는데 사실 아무리 돌이켜봐도 그런 결정적인 순

간은 없었습니다. 그냥 흘러가다 보니 어느새 음악을 하고 있었다는 게 가장 적절한 표현 같습니다. 정말 허무하죠?

저는 그렇게 허무하게, 뭔가에 홀린 듯 음악을 시작했습니다. 1997년부터 직업 프로듀서의 길에 들어서 박진영 씨와 함께 JYP라는 회사를 창업하고 그 후 독립해 지금은 빅히트 엔터테인먼트의 대표이자 프로듀서로 살고 있습니다. 우스운 게 독립한 후에도 수많은 선택지가 있었는데 왜 회사를 차리겠다고 생각했는지 선택한 이유도 잘 기억이 나지 않는다는 겁니다.

서두부터 제 얘기를 이렇게 길게 한 이유는, 제 인생에 있었던 중요한 결정들, 훗날 보면 의미심장해 보이는 순간들이 사실은 별 의미가 없었다는 것, 때론 왜 그런 선택을 했는지 이유조차 기억나지 않는다는 말씀을 드리고 싶어서였습니다.

저는 사실 큰 그림을 그리는 야망가도 아니고 원대한 꿈을 꾸는 사람도 아닙니다. 좀 더 정확히 말하면 구체적인 꿈 자체가 없습니다. 그러다 보니 매번 그때그때 하고 싶은 것에 따라 선택했던 것 같습니다.

요즘 저와 방탄소년단, 빅히트 엔터테인먼트의 행보를 보면 이런 말이 믿기지 않으실 수도 있습니다. 방탄소년단은 빌보드Billboard에서 2년 연속 톱 소셜 아티스트 상을 수상했고 4만 석 규모의 뉴욕 시티필드Citi Field 공연을 순식간에 매진시켰습니다. 얼마 전에는 그래미 어워드_{Grammy Award}에 시상자로 초청받으면서 또 하나의 '최초' 기록을 세웠습니다. 외신에서는 감히 '유튜브 시대의 비틀즈'라는 과찬을 하기도 합니다. 또한 현재 전 세계 주요 지역 스타디움에서 월드투어를 할 수 있는 몇 안 되는 아티스트 반열에까지 올라가게 됐습니다. 이를 바탕으로 저는 영광스럽게도 빌보드가 뽑은 25인의 혁신가 리스트에 이름을 올렸고 저희 회사 역시 엔터테인먼트업계 혁신의 아이콘이자 유니콘 기업으로 평가받고 있습니다.

(중략)

제가 앞에서, 저는 구체적이거나 커다란 꿈이 없다고 했죠? 맞습니다. 어렸을 때나 지금이나 저는 그런 사람이었습니다. 빅히트 엔터테인먼트가 어떤 기업이 될지, 방탄소년단의 미래가 어떤 모습일지, 심지어는 제가 나중에 어떤 사람이 될지에 대해서도 그림 같은 건 없습니다.

그럼에도 현재 저의 모습을 외부에서 보면 커다란 꿈을 향해 끊임없이 정진하는 듯 보일 겁니다. 그렇게 개인적인 꿈을 이뤄가는 과정에서 저와 제 주변 사람들, 제가 봉사해야 하는 고객들의 행복까지 빚어낸 매우 이상적인 상황으로 보일 겁니다. 지금까지 말씀드렸듯 이런 시선은 반은 맞고 반은 틀립니다. 저는 별다른 꿈 대신 분노가 있었습니다. 납득할 수 없는 현실, 저를 불행하게 하는 상황과 싸우고 화를 내고 분노하며 여기까지 왔습니다. 그것이 저를 움직이게 한 원동력이었고 제가 멈출 수 없는 이유였습니다. 그러니 많은 분들께 위로와 행복을 드릴 수 있었던 것은 제 꿈이 아니라 제 불만이 시작이었을지도 모르겠습니다.

저는 앞으로도 꿈 없이 살 겁니다. 알지 못하는 미래를 구체화하기 위해서 시간을 쓸 바에 지금 주어진 납득할 수 없는 문제를 개선해나가겠습니다. 빅히트 엔터테인먼트는 음악산업이 처한 수많은 문제들을 개선하는 데 매진할 것이며 방탄소년단은 아시아 밴드 혹은 K-Pop 밴드의 태생적 한계라고 여겨지는 벽을 넘기 위해 끊임없이 노력할 겁니다. 저 역시 이런 일을 수행하는 데 부끄럽지 않게 끊임없이 반성하고 제 자신을 갈고닦겠습니다.

제가 여러분께 말씀드리고 싶은 것은 이것입니다. 지금 큰 꿈이 없다고, 구체적인 미래의 모습을 그리지 못했다고 자괴감을 느끼실 필요가 전혀 없습니다. 자신이 정의하지 않은 남이 만들어놓은 행복을 추구하려고 정진하지 마십시오. 오히려 그 시간에 소소한 일상의 한순간 한순간들에 최선을 다하기 위해서 노력하십시오. 무엇이 진짜로 여러분을 행복하게 하는지 고민하십시오. 선택의 순간이 왔을 때 남이 정해준 여러 가지 기준들을 좇지 않고 일관된 본인의 기준에 따라서 답을 찾을 수 있도록 미리 준비하십시오. 본인이 행복한 상황을 정의하고 이를 방해하는 것들을 제거하고 끊임없이 이를 추구하는 과정 속에서 행복이 찾아올 겁니다. 그렇게 하다 보면 반복은 습관이 되고 습관은 소명이 돼 여러분의 앞길을 끌어주리라 생각합니다. (후략)

이 축사를 더 어렸을 때 들었다면 내 인생을 바꿀 축사가 됐을 것이다. 지금도 역시 한 구절 한 구절이 절절히 와닿는다. 한국 역사상 아무도 해내지 못한 위대한 업적을 쌓은 그가 사실은 아무런 꿈도 없고 야심도 없는 사람이란다. 그가 꿈 없이 사는 이유는 알지 못하는 미래를 구체화하기 위해 시간을 쓸 바에야 지금 주어진 납득할 수 없는 문제를 개선해나가기 위해서다. 세계적인 아이돌을 만들겠다는 원대한 포부를 갖는 대신 당장 눈앞에 보이는 음악산업계의 부조리를 해결하다 보면 어느새 방탄소년단 같은 성공을 이루는 것이다.

회사도 마찬가지다. 대부분의 회사는 11월쯤 내년도 사업계획을 수립한다. 보통 '기획'이라는 단어가 붙은 팀이 작성자가 돼서 각 부문별 내년도 목표를 내놓으라고 닦달한다. 담당자는 내년에 무슨 일이 있을지도 잘 모르면서 어쨌든 올해에 기반해 내년도 사업계획을 제출하고 기획 어쩌고 팀은 이를 취합해 보고한다. 그리고 내년이 올해가 되면 생각지도 못한 일이 벌어진다. 그래서 목표 달성을 못한다. 그럼 기획 어쩌고 팀이 왜 목표 달성을 못했는지 사유를 달라고 한다. 트럼프가 어쩌고 시진핑이 어쩌고 온갖 이유가 붙는다. 하지만 본질적인 이유는 하나다. 미래에 무슨 일이 있을지 모르면서 계획을 세웠기 때문이다.

주식투자도 마찬가지다. 뚜렷한 목표와 원대한 꿈을 갖는다고 잘되는 것이 절대 아니다. 그저 눈앞에 닥친 일들에 잘 대처해나가면 그만이다. 자신이 없고 어려우면 하지 말고 피해 가고 확신이 있으면 과감하게 투자하면 된다. 미·중 무역전쟁이 어떻게 될진 모르겠지만 〈겨울왕국 2〉가 흥행할 것은 확실하다면 거기에만 집중하면 된다. 이미 주가가 많이 오른 기업이라 앞으로 더 오를지 내릴지 잘 모르겠다면 안 하면 된다. 이런 식으로 하루하루 살다 보면 어느새 성과를 이뤘을 것이다.

나만 아는 주식을 사지 마라

가끔 '누구나 아는 주식은 별 재미가 없고 아무도 모르는 걸 찾아내야 대박이 난다'고 생각하는 사람이 있다. 숨겨진 보물처럼 어렵게 찾아낸 주식이 알고 보니 엄청나게 좋은 것이어서 그것이 세상에 알려지는 순간 떼돈을 번다는 이야기는 영화에서라면 몰라도 실제 주식시장에서는 거의 있을 수가 없다. 그렇게 되려면 시장 참여자들이 다 바보여야 한다. 다들 바보인데 나 혼자만 잘나서 그런 대단한 종목을 발견할 능력이 있어야 한다. 하지만 시장에는 늘 나보다 잘난 사람이 수두룩하고 심지어 그들은 열심히 하기까지 한다. 그러니 좋은 건 이미 시장에서 인정을 받아 비싸다.

상식적으로 생각해보자. 어떤 산업군에 좋은 일이 일어났다. 예를 들어 코로나19 백신이 개발돼서 해외여행이 다시 활성화됐다고 치자. 그럼 투자자들이 가장 먼저 살 종목은 무엇일까? 당연히 항공주나 여행주, 호텔주나 카지노주 등일 것이다. 그 소식을 듣는 순간 가장 먼저 떠오르는 것들이기 때문이다. 따라서 이렇게 누구나 아는 종목일수록 시장의 관심을 가장 먼저 받고 미리 오르기 마련이다. 그런데 이걸 보고 '아 너무 올랐다' 하면서 아직 오르지 않은, 예를 들어 비행기를 만들 때 쓰는 철강을 제조하는 회사처럼 숨은 종목을 찾으려고 하다 보면 최악의 경우 평생 주목을 못 받을 수도 있고, 운이 좋아서 나중에 주목을 받는다 쳐도 그때쯤이면 이미 또 다른 큰 뉴스가 떠오르고 있을 것이다.

그러니 이미 올라버린 주도주(주식시장에서 주가 전반을 이끌어가는 인기주 집단)에 올라타기가 무섭다고 또는 그런 종목은 더 올라봤자 얼마 안 오를 테니 아직 안 오른 걸 사서 대박을 치겠다는 헛된 희망을 안고 숨겨진 종목을 찾다가는 시간만 낭비할 가능성이 크다. 주식은 지극히 상식적인 논리에 따라 수급이 몰리기 때문에 굳이 어렵게 생각할 필요가 전혀 없다.

저평가·고평가 개념에 매몰되지 마라

많은 사람이 주식에 '적정가'라는 게 있다고 생각한다. 이런 생각 자체가 틀린 것은 아니다. 다만 여기서 하고 싶은 얘기는 그 개념으로 매매하는 행위가 상당히 어렵고 복잡한 데 비해 그럴 가치는 별로 없다는 것이다.

예를 들어 올해 초 한 의류기업의 예상 연매출이 1,000억 원이고 예상 영업이익은 100억 원이어서 재무 상태나 업황을 고려해봤을 때 적정한 주가가 주당 1만 원이라고 계산했다 치자. 현재 주가는 8,000원이고 앞으로 25%의 상승 여력이 있다고 판단했다.

그런데 갑자기 코로나19 대유행이 번졌다. 사람들은 외출을 줄였고 자연히 옷도 사지 않게 됐다. 해외도 상황은 마찬가지여서

이 기업의 수출도 줄었다. 그러면 당연히 적정가라는 것도 다시 계산해야 하는데 여기서 문제가 발생한다. 도대체 코로나19 팬데믹이 언제까지 이어질지, 해외 상황은 어떻게 될지, 전 세계 인구의 몇 %나 감염이 될지, 또 경쟁사는 얼마나 망해나갈지 등을 예측해야 적정가를 구할 수 있다는 것이다. 이 변수를 어떻게 추론하느냐에 따라 적정가는 천차만별이 될 텐데 인간의 능력으로는 도저히 불가능하다. 만약 저 정도의 미래를 예측할 수 있는 대단한 능력이 있는 사람이라면 군이 의류회사의 적정가나 구하고 앉아 있을 필요가 있을까?

코로나19 팬데믹은 워낙 예외적인 상황이라 적절한 예가 아니라고 생각하는가? 그렇다면 2019년 한·일 무역 갈등을 돌이켜보자. 일본산 포토레지스트photoresist나 불화수소를 이용해 제품을 잘 생산하고 있던 기업들이 하루아침에 공급망을 바꿔야 하는 처지가 됐다. 도대체 일본은 언제까지 수출을 규제할지, 다른 공급업체와는 언제 얼마나 계약을 할지, 국산품으로의 대체가 어느 정도 가능할지 등을 반영해 적정가를 다시 구해야 하는데 이 역시 인간의 능력으로는 알 수가 없다.

더 거슬러 올라가보면 2018년 미·중 무역전쟁도 있다. 멀쩡하게 교역을 하던 세계 최강국인 두 나라가 어느 날 갑자기 경제 갈등을 일으키며 관세를 왕창 부과하겠다고 한다. 이게 도대체 일

시적인 상황인지, 아니면 계속될지(2020년 1월에야 양국은 1단계 합의에 도달했다), 범위는 어떻게 될지 알 수 있는가? 그것도 모르면서 어떻게 한 기업의 적정가를 계산하고 이를 기준으로 투자하라 할 수 있는가?

결국 '적정가'라는 개념은 '미래가 현재와 완전히 똑같고 평화로울 때'나 통하지 지금 같은 격변기에는 전혀 맞지가 않는다. 그리고 적정가를 계산할 수 없다면 자연스럽게 '고평가', '저평가'라는 개념도 없어진다.

그럼 대체 어떻게 투자를 해야 할까? 답은 아주 간단하다. 그냥 '현재 주가가 모든 걸 반영한 적정가'라고 생각해버리는 것이다. 존재하지도 않는 허상의 개념을 만들어놓고 그보다 현재 주가가 높으면 고평가, 낮으면 저평가라고 할 게 아니라 지금 가격이 적정가라고 생각하면 그만이다. '뭔가 이유가 있어서 시장에서 이 가격에 거래되겠지' 하고 시장을 믿어버리면 된다. 그리고 모든 관심은 오로지 '지금보다 오를까 내릴까'에만 두는 것이다. 그러면 '너무 비싸다', '너무 싸다' 따위의 생각은 더는 하지 않게 될 것이다. '삼성전자의 적정가가 7만 원인데 지금 8만 원이라서 비싸서 못 산다'가 아니라 '삼성전자는 뭔가 이유가 있으니 8만 원이 적정가고 앞으로 더 좋아질지 나빠질지가 문제다'라고 생각하는 것이다.

좋아하는 것에 집착하지 마라

가끔 주식투자에 성공한 사람 얘기 중에 '좋아하는 것에 투자했다가 대박이 났다'는 식의 스토리가 있다. 주로 엔터테인먼트나 식품, 소비재 쪽에서 이런 얘기가 나온다. 트와이스가 너무 좋아서 JYP Ent. 주식을 샀는데 엄청 올랐다든지, 불닭볶음면이 너무 맛있어서 삼양식품 주식을 샀는데 많이 올랐다든지 하는 유다. 이런 투자 방식이 꼭 나쁘다고 할 수는 없다. 문제는 타이밍이다. 남들보다 먼저 트와이스를 알아보고 불닭볶음면을 먹어보고 아직 화제가 되지 않았을 때 사뒀다가 나중에 인기가 많아지는 건 당연히 좋다. 그러나 남들이 다 좋다고 한 다음에 뒤늦게 좋아하게 된 경우는 조심해야 한다. 방탄소년단이 아무리 인기가 많아도 이미 최고의 자리에 올라 있기 때문에 빅히트의 주가는 더 올라가기 힘들다. 따라서 본인이 트렌드에 특히 민감하거나 얼리어답터가 아니라면 맹목적으로 기호에 따라 투자하는 일은 조심해야 한다.

여기까지 읽었다면 이제 당신은 쫄딱 망하지 않고 주식투자를 할 준비가 된 셈이다. 이제 본격적으로 투자 방법을 배우기 전 주식거래에 꼭 필요한 기초 상식을 알아볼 차례다. 아는 문제가 하나도 없다고 해도 당황할 필요는 전혀 없다. 바로 그런 당신을 위해 만들어진 문제이기 때문이다. 답과 해설을 읽는 것만으로도 낯선 주식거래 용어들이 조금 가깝게 느껴질 것이다.

Q1 처음에 얼마로 주식을 시작하면 좋을까요?

▶ 제가 이 업계에서 일하며 가장 많이 들은 질문 중 하나가 바로 '주식을 하려면 시드머니가 얼마가 있어야 하나?'입니다. 대답은 아주 간단합니다. 100만 원이면 충분합니다. 너무 적은 거 아니냐고요? 만약 질문이 '주식으로 단기간에 돈을 많이 벌려면 얼마가 있어야 하나?'라면 100만 원은 적은 돈이 맞습니다. 하지만 단순히 주식투자를 하는 거라면 100만 원으로도 충분합니다. 그러면 많은 사람의 반응이 이렇습니다. "아니 100만 원이면 주식 할 수 있다는 걸 누가 모르나? 100만 원 갖고 열심히 매매해봤자 몇천 원, 몇만 원 버는데 들인 노력에 비해 턱없이 적고 생활에 도움이 안 되니 그러지"라고요. 그럼 저는 되묻습니다. 실력이 어떤데요?

사실 주식 실력이 뛰어난 사람은 이런 질문 자체를 하지 않습니다. 이미 돈이 많을 테니까요. 적은 돈으로도 얼마든지 많은 돈을 벌어본 경험이 있기 때문에 질문 자체가 무의미합니다. 또 초보라고 할지라도 돈이 많은 초보는 이런 질문을 안 하겠죠? 결국 돈 없는 초보 투자자들이 하는 질문이라고 볼 수 있는데 결론적으로 말해 그런 초보자라면 10억이 있다 해도 주식으로 돈을 못 법니다.

주식은 시드머니가 많은 사람이 이기는 싸움이 아닙니다. 실력 있는 사람이 계속해서 돈을 벌고 실력 없는 사람이 계속해서 돈을 잃는 곳입니다. 즉, 돈 없는 초보가 주식을 못하는 이유를 '돈이 없어서'라고 생각하는 건 착각입니다. 돈이 많다고 해도 초보라면 처음 투자 액수는 줄이는 것이 맞습니다. 그러니 돈 많은 초보나 돈 없는 초보나 초보는 무조건 적은 액수로 주식을 시작해야 합니다. 그렇게 시작해 공부해나가면서 꾸준히 일정 수익이 나는 걸 확인했다면 그때는 시드머니를 늘려도 됩니다. 1년 이상 월 10% 이상 수익을 낸다든지, 시장수익률의 2배를 항상 웃돈다든지 하는 기준을 세워놓고 평가하면 좋습니다.

Q2 초보일 때 어떻게 주식을 공부하셨나요? 추천 방법이 있나요?

▶ 일정 관리만큼 확실한 방법은 없습니다. 달력에 당장 생각나는 대로 일정을 적어보세요. 어떤 드라마가 언제 시작하는지, 누구 주연 영화가 언제 개봉하는지, 어느 개발사 게임이 언제 출시되는지 등 달력을 만드는 데 시간과 공을 많이 들일수록 돈을 벌 확률은 높아집니다. 어떤 제품이 언제 출시되는지, 어떤 정책이 언제부터 시행되는지, 어떤 행사가 며칠에 있는지

까지 이 세상에 존재하는 수많은 일정을 정리하는 것이 바로 투자의 시작입니다.

그다음 단계는 이 일정 중에서 중요한 것과 그렇지 않은 것을 가려내는 것입니다. 이 부분은 스스로 느껴보는 수밖에 없습니다. 달력을 만들어서 그 일정대로 투자하다 보면 어떤 것은 예상보다 훨씬 격렬한 상승을 보이고 어떤 것은 쥐 죽은 듯이 조용히 지나갑니다. 이 과정을 거치면서 어떤 일정이 주식에서 중요한지 감을 터득하는 것이 중요합니다.

Q3 주식투자로 수익이 어느 정도 나니 회사를 관두고 싶습니다. 하지만 전업 투자자가 되는 건 좀 두렵습니다. 어떻게 해야 할까요?

▶ '주식을 하는 데 전업이 나을까, 직장인이 나을까' 하는 문제는 주식투자계의 오래된 논란 중 하나입니다. 일단 전업 투자자가 더 나으려면 대출도 필요 없고 생활비도 크게 상관없는 수준의 시드머니를 확보하고 있어야 합니다. 그런 시드머니를 어떻게 만드느냐? 집안이 금수저면 됩니다. 우리는 자본주의 사회에 살고 있으니까요.

하지만 우리 대부분은 금수저가 아니니 무리겠죠? 그래서 회사를 다니며 수련해야 합니다. 그럼 직장인 투자자에게는 어떤 장점이 있을까요? 가장 좋은 점은 바로 대출이 저금리로 많이 된다는 겁니다. 전업 투자자는 직업이 없으니 대출이 안 되죠. 그러니 시드가 얼마 없다면 전업으로 투자를 해도 노력만 많이 들고 버는 돈은 얼마 안 됩니다. 주식을 빚내서 하면 안 된다고요? 부동산을 빚내서 사면 안 된다는 말을 듣고 안 산 사람들이 지금 어떤 심정일지 생각해보세요. 모든 자산은 자본과 부채로 이뤄져 있고 자산이 많은 사람이 결국 이기는 것이 자본주의의 본질입니다.

또 다른 유리한 점은 월급이 있다는 겁니다. 전업 투자자에 비해 확실한 장점입니다. 주식을 잘해서 1,000만 원으로 매달 200만 원을 번다고 칩시다. 그러면 첫 달은 1,200만 원이 되겠죠. 전업 투자자는 이 돈 외에는 소득이 없으니 200만 원을 생활비로 써야 합니다. 그러면 투자 원금은 다시 1,000만 원이 되죠. 그래서 다음 달에 또 200만 원 벌어서 생활비로 쓰면 투자 원금은 또 1,000만 원인 거예요. 하지만 직장인이라면? 전업보다는 좀 못해서 한 달에 100만 원 번다 칩시다. 그럼 첫 달이 지나면 1,100만 원이 되죠. 그런데 직장인은 월급이 있으니 1,100만 원을 안 건드려도 돼요. 따라서 두 번째 달의 투자 원금은 1,100만 원이 되죠. 그리고 또 한 달이 지나면 1,210만 원이 됩니다. 이게 바로 본문에서도 설명한 복리의 마법입니다.

주식 좀 한다고 홧김에 사표 던지지 말고 꾹 참으면서 미래를 도모하세요. 그 과정은 고통스럽겠지만 해낸다면 반드시 큰 보상이 기다리고 있을 겁니다. 지금도 상사 눈치 봐가면서 몰래 주식 하는 직장인 독자가 있다면 힘내고 포기하지 마세요. 절대로 잘못된 길을 가고 있는 것이 아닙니다.

2부

—

주식거래
기초 상식

4장

매매에
앞서

이 장은 본격적으로 주식 공부를 하기 전 매매 자체를 한 번도 해보지 않은 사람들을 위해 준비했다. 주식에 관한 지식을 아무리 쌓아도 매매의 기본을 모르면 실전에서 당황하게 되니 주식 매매 경험이 전무한 사람은 반드시 이 장을 공부하고 가자. 본인이 매매 경험이 많다고 생각하면 건너뛰어도 좋다. 이 문제들을 풀어보는 것만으로는 이해가 안 된다면 일단 증권 계좌를 개설하고 매매를 시작해보자. 그럼 새로운 의문이 생길 것이고 그때 이 장의 문제들이 그 궁금증을 해결하는 데 빛을 발할 것이다.

1. 주식시장의 정규 거래시간은 ① (   )시부터 ② (   )시 ③ (   )분까지다.

2. 주식시장에서 주식을 사는 행위는 ① (   ), 파는 행위는 ② (   )라고 한다.

3. 주식시장의 거래체결에는 ① (   ), ② (   ), ③ (   ), ④ (   )이 적용된다.

4. ① (   )는 장 개시 전 오전 8시 30~40분, 장 종료 후 오후 3시 40분~4시 사이에 운영되며 장전 시간외 매매는 ② (   )로, 장후 시간외 매매는 ③ (   )로 거래 가능하다.

5. (   )는 일정 시간 동안 들어온 주문을 모아서 일정 시점에 하나의 가격으로 체결하는 거래를 의미한다.

6. ① (   )는 오후 4~6시 사이에 이뤄지며 단일가로 주문을 받고 ② (   )분 단위로 거래가 체결된다. 이때 상·하한가는 당일 종가 기준 ③ (   )%로 제한된다.

주식 거래시간

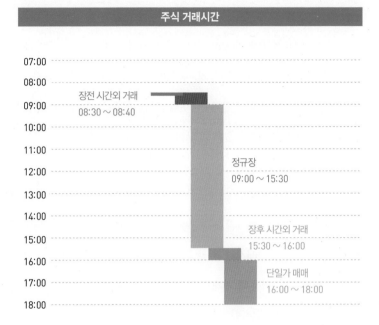

07:00
08:00
09:00 — 장전 시간외 거래
08:30 ~ 08:40
10:00
11:00
12:00 — 정규장
09:00 ~ 15:30
13:00
14:00
15:00 — 장후 시간외 거래
15:30 ~ 16:00
16:00 — 단일가 매매
17:00 — 16:00 ~ 18:00
18:00

1. ① 9 ② 3 ③ 30

2. ① 매수 ② 매도

3. ① 가격우선의 원칙 ② 시간우선의 원칙 ③ 수량우선의 원칙 ④ 위탁매매우선의 원칙, 가장 높은 가격의 매수 주문과 가장 낮은 가격의 매도 주문이 1순위로 체결된다(가격우선의 원칙). 주문을 낸 가격

이 같은 경우 시간상 먼저 들어온 주문이 우선으로 체결되고(시간우선의 원칙) 같은 가격·같은 시간에 들어온 주문일 경우 수량이 많은 주문이 우선시된다(수량우선의 원칙). 같은 가격·같은 시간에 같은 물량의 주문이 접수되면 증권사의 자기 매매 주문보다 위탁거래자(고객)의 주문이 우선한다(위탁매매우선의 법칙). 쉽게 정리하면 거래 체결은 가격 〉 시간 〉 수량 순으로 고려된다.

4. ① 시간외 종가 매매 ② 전일 종가 ③ 당일 종가, 종가란 주식시장에서 그날 마지막에 거래된 가격을 의미한다. 시간외 종가 매매는 장 개시 전이나 정규 거래시간 종료 후 일정 시간 동안 단일 종가로 시간우선의 원칙만 적용해 거래를 체결하는 제도로 장전 매매는 전일 종가 기준, 장후 매매는 당일 종가 기준이다.

5. 단일가 매매

6. ① 시간외 단일가 매매 ② 10 ③ 10, 시간외 단일가 매매는 오후 4시부터 10분 단위로 거래가 체결된다. 즉, 총 12번의 동시호가를 통해 거래되는 것이다. 시간외 상·하한가는 +10%~−10%로 제한되며 당일 정규시장의 상·하한가를 벗어나지 못한다.

7. ① (   )이란 거래와 관련해 임시로 보관하는 자금을 의미한다.

② (   )제도로 인해 주식을 매도한 후 돈을 인출하기 위해서는 영

업일 기준 ③ (   )거래일이 지나야 한다.

8. 주식거래는 3영업일 후 결제되므로 보증금 성격으로 먼저 거두는 금액

을 (   )이라고 한다.

9. (   )이란 매수 당일 예수금에서 증거금이 빠져나가고 남은 금

액으로 3영업일 이후 납부돼야 하는 금액이다.

10. 증거금이 빠져나가고 남은 미수금으로 다른 주식을 살 수 있다.

(○ / ×)

11. ① (   )는 증권사에 예치해놓은 현금과 주식을 담보로 외상

으로 주식을 매수할 수 있는 제도다. 자신도 모르게 이렇게 거래되는 일을

방지하기 위해서는 ② (   )을 100%로 설정해야 한다.

12. (   )는 증권사에서 돈을 대출받아 주식을 매매하는 거래를

의미한다. 대출 기간에 따라 이자율이 다르기 때문에 유의해야 한다.

13. (　　　　　　　)는 미수 또는 신용거래로 증권사의 돈을 빌려 주식을 매입하고 난 후 만기일 내에 변제하지 못하는 경우 고객의 의사와는 관계없이 주식을 일괄매도 처분하는 매매를 의미한다.

--- ○ ANSWER

7. ① 예수금 ② 예수금 ③ 3

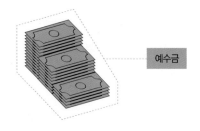

예수금

일	월	화	수	목	금	토
					1	2
3	4	5	6	7	8 당일 매도	9
10	11 D+1	12 D+2 인출 가능	13	14	15	16
17	18	19	20	21	22	23
24	25	26	27	28	29	30
31						

8. 증거금

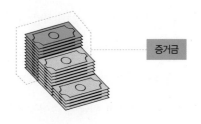

증거금

9. 미수금

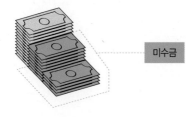

미수금

10. ○, 증거금이 나가고 남은 미수금은 3영업일 이후 빠져나갈 예정 이지만 미수금으로 잡힌 금액으로도 주식거래를 할 수 있다. 단, 주 식을 매수하고 미수금을 3영업일 전에 입금하지 않으면 반대매매(고 객의 의사와 관계없이 증권사가 강제로 주식을 일괄매도 처분하는 매매)가 나오니 이 점을 유의해야 한다.

11. ① 미수거래 ② 증거금률

12. 신용거래

13. 반대매매, 통상 만기일은 미수거래의 경우 3일, 신용거래의 경우 1~5개월이다. 반대매매가 문제가 되는 것은 코로나19 사태처럼 갑자기 시장이 붕괴하면서 급락할 때다. 미수나 신용을 쓰지 않고 자기 돈으로만 주식을 샀을 경우 가만히 기다리면 몇 달 후 본전을 찾을 수 있다. 하지만 급락할 때 반대매매를 당해버리면 원금이 줄어들어 향후 주가가 반등해도 손실을 만회할 기회가 날아가고 만다.

14. (　　　　　)을 이용하면 주문을 내는 즉시 주식을 매수하거나 매도할 수 있다.

15. 증권시장에서 증권사가 고객의 주문에 따라 표시해 전달하는 매수·매도 가격을 (　　　　)라고 한다.

16. 주가가 가격 등락 제한 폭의 상한선까지 올랐을 때를 (　　　　)라고 한다.

17. 주가가 가격 등락 제한 폭의 하한선까지 내렸을 때를 (　　　　)라고 한다.

18. 상·하한가 가격은 전일 종가 기준 (　　　　)%로 제한된다.

-- ⊚ ANSWER

14. 시장가주문

15. 호가

16. 상한가

17. 하한가

18. 30, 우리나라는 종가 기준 일정 비율 이상·이하로 주가가 올라가거나 떨어지지 않도록 가격 변동 폭을 제한한다. 이전 15%였던 이 비율이 2015년 6월 15일 기준 30%로 확대됐다.

19. 주식 매물 차트에서 일정 기간 동안 특정 가격대에서 거래된 물량을 막대그래프로 도식화한 것을 (   )라고 한다.

20. (   )는 개별 종목 체결 가격이 일정 범위를 벗어날 경우 발동한다.

21. ① (   )는 직전 체결 가격 기준 코스피200 종목 ② (   )%, 그 외 종목 ③ (   )% 이상 벗어날 때 2분간 단일가 매매로 전환하는 것이다.

22. ① (   )는 시가가 전일 종가 기준으로 ② (   )% 이상 변동 시 2분간 단일가 매매로 전환하는 것이다.

23. (   )은 주주에게 지급하는 회사의 이익 분배금을 의미하며 배당락일 하루 동안만이라도 주식을 보유하면 지급받을 수 있다.

24. 기업 주요 공시, 사업보고서, 재무제표는 (   )에서 확인할 수 있다.

25. (   )에서 관심 기업의 증권사 리포트 또는 산업 동향에 관한 전문가 리포트를 읽어볼 수 있다.

19. 매물대, 거래가 활발히 이뤄진 가격 구간일수록 매물대는 길게 표시되며 주가의 지지와 저항을 나타내는 지표로도 활용된다.

20. 변동성완화장치 VI

21. ① 동적 VI ② 3 ③ 6, 동적 VI는 특정 호가에 따른 순간적 수급 불균형이나 주문 착오 등으로 발생하는 일시적 변동성에 대한 완화 장치다. 시간대별로 발동 가격 기준이 달라지는데 접속매매 시간에는 직전 체결 가격보다 바로 다음 체결된 가격이 3~6% 급등락했을 때 발동된다고 보면 된다.

22. ① 정적 VI ② 10, 정적 VI는 참조 가격 대비 10% 이상 변동한 경우 발동된다. 예를 들어 전일 종가가 1,000원인 종목의 시가가 1,100원 이상 또는 900원 이하로 책정돼 시작하는 경우 개장과 동시에 해당 종목은 정적 VI가 발동한다. 이후 시초가 대비 10% 이상의 등락이 있는 경우 하루에도 여러 번 VI가 발동되기도 한다.

23. 배당금

24. DART(http://dart.fss.or.kr/), 공시는 사업과 재무, 영업실적 등 기업의 주요 활동을 의무적으로 알리는 제도로 사업보고서와 반기보고서를 정기적으로 공유하는 정기 공시, 이슈가 있을 때 비정기적으로 발행하는 수시 공시가 있다. 주식투자에 필수라고 하는 재무제표도 공시를 통해 공표된다. 재무제표는 기업의 회계보고서로 내가 투자하려는 기업이 잘 성장하고 있는지 판단하는 중요한 기준이 된다. 기본적으로 매출액, 영업이익, 당기순이익, 부채비율, 유보율 그리고 배당성향 항목을 확인해보는 것이 좋다.

25. 한경 컨센서스(http://consensus.hankyung.com/apps.analysis/analysis.list), 한경 컨센서스는 각 증권사 애널리스트들이 분석한 리포트와 투자 의견, 목표 주가 등을 하나로 모아 제공하는 서비스로 개인 사용자는 무료로 이용할 수 있다. 차트, 각종 도표를 통해 주기와 분석 리포트의 연관성을 확인할 수 있고 종목별 투자 의견이나 목표 주기를 통해 투자 판단의 지표로도 활용 가능하다.

26. 다음은 삼성전자의 호가창이다. 그림을 보고 괄호 안을 채워보자.

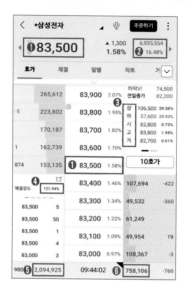

① (　　　): 거래원이 고객의 주문에 따라 표시해 전달하는 주식 매

도·매수 가격으로 현재 가격은 8만 3,500원인 상태다.

② (　　　): 매매된 주식 수량을 의미하며 주가와 밀접한 관계를 보인다.

아래 퍼센트는 (　　　　　)을 의미한다.

③ 상: (　　　)로 전일 종가 기준 30% 상승 제한한 가격을 의미한다.

하: (　　　)로 전일 종가 기준 30% 하락 제한한 가격을 의미한다.

시: 정규장이 개장하고 형성된 (　　)를 의미한다.

고: 장중 (   )를 의미한다.

저: 장중 (   )를 의미한다.

④ (   ): 100%를 기준으로 100보다 높으면 (   ) 체결이 더 많다. 100보다 낮으면 (   ) 체결이 더 많다. 100이면 매도 체결량과 매수 체결량이 (   ).

⑤ (   ): 주식을 팔기 위해 거래를 신청한 물량을 뜻한다.

⑥ (   ): 주식을 사기 위해 거래를 신청한 물량을 뜻한다.

--- ◉ ANSWER

26. ① 호가

② 거래량, 전일비 거래량

③ 상한가, 하한가, 시가, 고가, 저가

④ 체결강도, 매수, 매도, 같다

⑤ 매도물량

⑥ 매수물량

27. 다음은 삼성전자의 호가창이다. 그림을 보고 괄호 안을 채워보자.

① (　　　): *은 코스피200에 편입돼 있는 종목을, #은 코스닥 KOSDAQ150에 편입돼 있는 종목을 의미한다.

② (　　　): 코스피, 코스닥에 상장돼 있는 기업들을 분류하기 위한 코드다.

(　　　): 한국증권거래소에 상장돼 거래되는 모든 주식을 대상으로 산출해낸 주가지수를 의미하며 주로 대기업이 속한다.

(　　　): 중견·중소기업의 주식이 거래되는 주식시장을 뜻한다.

③ (증)(　　　): 거래대금에 대한 보증금의 비율을 의미하며 종목별로 차이가 있다. 해당 기업의 (　　)은 30%다.

(담)(　　　): 증권사가 시세 변동으로 인해 융자금이나 주식을 회수할 수 없는 경우를 방지하기 위해 설정해놓은 (　　)을 의미한다. 해당 기업의 (　　)은 140%이며 (　　　)이 이에 미달하는 경우 추가담보를 내야 한다.

(신)(　　　): 신용으로 매수할 수 있는 최대한의 금액을 의미하며 해당 기업의 경우 3억까지 신용을 활용할 수 있다.

④ 주문을 내는 즉시 주식을 (　　)할 수 있는 가격이다.

⑤ 주문을 내는 즉시 주식을 (　　)할 수 있는 가격이다.

○ ANSWER

27. ① 종목명, 코스피200이란 글로벌산업분류GICS를 참고해 분류된 에너지, 소재, 산업재, 자유소비재, 필수소비재, 헬스케어, 금융 및 부동산, 정보기술, 커뮤니케이션 서비스, 유틸리티 총 10가지 산업에서 산업군별 시가총액 상위, 거래량이 많은 종목을 선정한 것이다. 대표적으로 삼성전자, SK하이닉스, 네이버, 셀트리온 등이 포함돼 있다. 코스닥시장은 1996년 7월 개설된 중소기술주 중심 시장으로 코스닥150은 코스닥시장 상장 종목 중 시가총액, 유동성, 업종 분포 등을 고려해 선정한 150종목으로 구성돼 있다. 대표적인 기업으로는

셀트리온헬스케어, 씨젠, 카카오게임즈 등이 있다. 코스피200과 코스닥150은 매년 6월과 12월, 연 2회 정기적으로 변경된다.

② 종목 코드, 코스피, 코스닥

③ 증거금률, 담보유지비율, 신용가능금액

④ 매수

⑤ 매도

Q1 해외 주식은 거래하지 않으시나요? 미국 주식이 뜨거운데 미국
주식을 시작해도 괜찮을까요?

▶ 지금은 미국의 경기부양책으로 달러 가치가 하락하는 시기라 굳이 미국
주식을 추천하지는 않지만 저도 미국 주식을 하기는 합니다. 미국 주식
과 한국 주식은 장단점이 명확한데, 미국 주식은 일단 밤에 장이 열려서
피곤하다는 점이 단점입니다. 최근에는 환차손(환율 변동으로 인해 발생하
는 손해) 문제도 있고 세금도 큰 단점입니다. 그러나 상·하한가가 없기 때
문에 하루에도 몇백 퍼센트씩 오를 수 있다는 점은 큰 장점이죠. 꼭 미국
이 아니어도 한국에는 반도체, 2차전지 등 주요 산업의 글로벌 리더 기업
이 있어서 투자하기에 좋은 회사들이 많습니다. 세계적인 회사에 납품하
는 부품사들도 즐비하고요. 찾아보면 작지만 매력적인 기업이 많은 시장
입니다.

Q2 부동산투자와 주식투자 중 무엇이 더 나을까요?

▶ 둘을 비교하기 위해 '주식을 하면 도대체 뭐가 좋은가?'를 먼저 얘기해보겠습니다. 주식의 좋은 점은 뭘까요? 제가 생각하는 가장 큰 장점은 안전하다는 겁니다. 우리가 '안전한 자동차'라고 할 때 기준은 뭔가요? 당연히 교통사고가 났을 때 운전자와 승객이 크게 다치지 않는 차를 말할 겁니다. 다시 말해 '안전'의 의미가 '위험한 일이 생겼을 때 피해를 최소화할 수 있는 것'이라고 한다면 주식은 정말 안전한 자산입니다. 안 좋은 일이 생기면 바로 팔면 그만이니까요. 부동산을 갖고 있었는데 지진이 난다면? 바로 팔 수가 없겠죠. 하지만 주식은 코로나19 같은 위기가 닥쳐도 매도 버튼만 누르면 그만입니다. 피치 못할 피해가 약간은 있겠지만 추가적인 피해는 자신의 의지로 얼마든지 막을 수 있습니다.

단순히 피해를 줄일 수 있다는 게 다가 아닙니다. 주식에서는 긴급히 매도 버튼을 누름으로써 내게 현금이라는 소중한 자산이 그 즉시 생깁니다. 이 현금은 방금 입은 피해를 복구하기 위한 소중한 밑거름이 됩니다. 지진이 나서 소유하던 건물에 손상이 가면 그 건물에 남아 있는 철근이나 콘크리트 같은 자원을 이용해 건물을 복구할 수 있나요? 절대로 불가능하죠. 그러나 주식은 위급한 상황이 생겼을 때 탈출만 빨리 한다면 남은 돈으로 주가가 얼마든 재기를 노릴 수 있습니다. 대표적인 게 2020년을 강타한 코로나19인데, 2020년 2월경 코로나19가 본격적으로 퍼지기 시작할 때 조금 손해 보고 주식을 팔았다면 그 돈으로 주가가 더 떨어졌을 때 충분히 다시 살 수 있었죠. 처음에 손해 본 것의 몇 배에 달하는 이익을 낼 수 있었습니다.

어떻게 그렇게 귀신같이 사고팔 수가 있느냐고요? 그렇다면 하락에 베팅을 하는 방법도 있습니다. 부동산투자에는 가격이 하락할수록 이익이 나는 부동산 상품이 없지만 주식은 다릅니다. 인버스 ETF를 통해 하락한 만큼 돈을 벌 수도 있습니다. 이처럼 다양한 경우마다 수익이 나는 상품을 갖추고 있다는 점은 주식투자를 더욱 안전하게 만듭니다. 무조건 한 방향으로 가야만 돈을 벌 수 있는 투자자산과 이래도 벌 수 있고 저래도 벌 수 있는 수단이 갖춰진 투자자산, 당연히 다양한 경우에 대비할 수 있는 쪽이 더 안전하겠죠?

또 분산투자가 쉽다는 점도 주식을 안전하게 만듭니다. 부동산은 1개당 금액 단위가 크기 때문에 분산투자가 쉽지 않습니다. 어떤 지역에 부동산을 사느냐에 따라 수익률은 천차만별이 되는데 분산투자가 안 되니 무조건 자기가 산 지역이 더 잘 오르기만 바랄 수밖에 없죠. 그러나 주식은 A종목도 좋고 B종목도 좋아 보이면 A도 사고 B도 사면 됩니다. C가 좋아 보이면 C도 사면 되고요. 이 중에는 수익률이 높은 것도 있고 낮은 것도 있겠지만 제일 수익률 높은 종목이 뭐가 될지 모르는 상태에서는 일단 이거저거 사봐야 결과를 알 수 있겠죠? 이처럼 주식은 분산투자를 통해서 대박의 확률을 조금이라도 높일 수가 있습니다.

언론에서 맨날 집값이 뛰었다, 최고가다 해도 전혀 주눅 들 필요가 없습니다. 주식투자자들은 돈도 잘 벌고 산업 변화에도 잘 적응하고 늘 꿈과 희망을 먹고 사니까요.

Q3 장기 vs 중기 vs 단타 중 무엇을 추천하나요?

▶ 안정성을 원한다면 단타입니다. 인간의 예측력은 단기적인 미래에 대한 것일수록 정확도가 높습니다. 기상청의 장기예보에 비해 단기예보 정확도가 높은 것처럼요. 확률적으로 볼 때 단타가 성공할 확률이 높기 때문에 단타는 안전하다는 장점이 있습니다. 간밤에 해외에서 전쟁이 일어나서 주가가 폭락한다 하더라도 단타투자자는 전날 현금화를 했기 때문에 새로 낮은 가격에 또 사면 그만입니다. 카지노에서 딴 칩을 그날 모두 현금으로 바꿔놓고 다음 날 다시 그 현금으로 칩을 바꿔서 게임을 하는 사람이 바로 단타투자자라고 하겠습니다.

그러나 단타투자는 안전한 만큼 아무래도 노력과 시간이 많이 들어갑니다. 계속 가격을 지켜보고 있어야 하기 때문에 고객을 상대하는 일을 하거나 바쁜 직장인의 경우에는 선택하기 힘들다는 단점이 있습니다. 또 계속되는 상승장의 경우 장기투자보다 수익률이 나쁘다는 단점도 있습니다. 오늘 1만 원에 산 주식이 1만 500원이 돼서 팔았는데 다음 날 시작가가 1만 1,000원이라면 장기투자자에 비해 5%의 수익을 덜 얻기 때문이죠. 물론 반대로 하락장에서는 장기투자에 비해 압도적인 수익률을 자랑하게 됩니다. 카지노에서 그동안 딴 칩을 현금으로 바꾸지 않은 채 그대로 넣어두고 계속해서 게임을 하는 것이 장기투자자의 모습입니다.

3부

—

관련주가 있다고?

이 책을 읽고 있는 독자라면 아마도 네이버 실시간 검색어에 떠 있는 '○○○ 관련주'라는 문구를 본 적이 있을 것이다. 사회에 어떤 이슈가 생기면 그와 관련된 주식을 찾는 사람들이 급증하면서 그 키워드가 실검에까지 오르는 것이다. 이렇게 우리 생활과 밀접하게 연결된 거의 모든 사건과 관련한 주식을 '관련주' 또는 '테마주'라고 부른다.

3부는 바로 그런 테마주를 공부할 수 있는 문제들로 구성했다. 보통 테마주 하면 부정적인 이미지를 떠올린다. 위험성과 도박성이 높다고들 생각해서인데 사실 어떤 주식이 본격적으로 상승을 하려면 테마주의 성격, 즉 테마성을 띠어야 한다. 테마성을 띤다는 것은 쉽게 말해 포털사이트 실시간 검색어 순위에 올라가는 것처럼 시장의 관심을 한 몸에 받는다는 뜻이다. 한마디로 '핫'해진다. 일단 핫해지면 사람들이 몰려들기 마련이고 그 현상이 주가 상승으로 이어진다. 네이버나 카카오도 코로나19로 인한 언택트 트렌드 확산과 엮여야 사람들의 관심을 받고 셀트리온이나 삼성바이오로직스도 코로나19 백신이나 치료제 위탁 생산이라는 이슈와 엮여야 본격적으로 주가가 상승한다는 뜻이다.

물론 테마주 중에는 정치 테마주처럼 정말 사업 내용과는 아무런 관련이 없는데도 급등락하는 것들이 분명히 있다. 여기에서는 그런 주들은 최대한 배제하고 정부 정책이나 전염병 발생 등 우리 주변에서 일어나는 일과 연관이 있는 종목이 무엇인지 소개하는 데 주력했다. 이런 식의 투자가 익숙하지 않은 사람은 책을 읽다가 놀랄지도 모르겠다. "여기에 관련주가 있다고?" 하면서. 그래서 3부의 제목이 '관련주가 있다고?'다.

크게 3단계로 구성된 문제를 풀어볼 텐데 1단계는 마인드 정립 문제다. 종목을 고르기에 앞서 먼저 이 주제와 관련된 종목이 존재한다는 인식이 필요하다. 개성이 뚜렷한 네 사람의 의견을 보면서 주식투자자로서 갖춰야 할 마인드가 무엇인지 느끼면 된다.

동원이는 뉴스를 보면 그 내용을 지극히 상식적으로 생각하는 사람이다. '아, 어느 지역에 비가 많이 왔는데 이유가 이거였구나' 하는 사실 관계만 파악하고 넘어가는 것이다. 수연이는 뉴스를 읽으면 그 내용이 일으키는 감정에 사로잡히는 사람이다. '아 비가 많이 와서 어느 지역이 잠겼는데 주민들 마음이 아프겠구나… 우리 집은 안 그래서 다행이긴 하지만' 하는 유의 감정이다. 현아는 냉철하게 비가 와서 어떤 지역이 물에 잠겼다면 농작물 피해는 얼마나 되는지, 그에 따른 수혜주는 뭐가 있을지 찾아보는 사람이다. 상연이는 비로 인해 일어난 수해에 정부가 미흡한 대응을 한다며 비판만 하는 사람이다.

당신은 이 4명 중 누구에 해당하는가? 만약 현아가 아닌 다른 사람에 속한다면 현아처럼 생각하도록 사고방식을 바꿔야 할 것이다.

2단계로는 수혜주를 찾고 싶을 때 어디서부터 어떻게 찾아야 하는지 알려주는 문제를 풀어본다. 비가 많이 왔다고 하니 관련된 수혜주를 찾고는 싶은데 네이버에 비를 검색해봐도 〈깡〉만 나온다. 그래서 비가 많이 왔을 때 어떤 과정을 거쳐 비료주가 수혜주가 되는지 이해하도록 도와주는 문제를 준비했다. 이 문제를 풀다 보면 시장의 메커니즘을 이해할 수 있을 것이다.

마지막 3단계로 구체적인 종목을 공부하는 문제를 풀어본다. 1~2단계가 이해하면서 푸는 문제라면 여기서부터는 어느 정도 암기를 해줘야 한다. 그래야 어떤 뉴스에 어떤 종목으로 대응해야 할지 반사적으로 떠오르기 때문이다. 단기간에 되는 일은 아니지만 책을 읽고 실전 매매에 적용해나가다 보면 자연스럽게 기억에 남게 될 것이다.

이슈는 끊임없이 변하고 새롭게 생긴다. 책에 나오지 않은 이슈가 생긴다 하더라도 당황할 필요는 없다. 시장이 움직이는 원리는 같기 때문이다. 앞으로 무궁무진하게 응용이 가능한 원리라는 것이다.

아이들이 노는 모습을 보면 참 별거 아니어 보이는 것에도 재

있어한다. 소파에서 팔걸이를 타고 미끄러져 내려오는 것도 재밌어하고 보도블록이 하나 튀어나와 있으면 그걸 발로 뺐다가 끼우면서 재밌어하기도 한다. 어른에게는 전혀 기쁨을 주지 못하는 것들이 아이들에게는 행복을 주는 경우가 많다. 테마주를 하는 것은 아이들이 노는 것과 비슷하다. 보통 사람에게는 아무것도 아닌 뉴스도 테마주 투자자에게는 예사롭지 않다. 비가 많이 왔다는 뉴스, 더워진다는 뉴스 하나하나가 테마주 투자자에게는 새로운 놀잇거리다. 주식시장은 놀이터고 수많은 뉴스는 장난감이다. 때로 놀다가 다치기도 하지만 아이들이 놀이터에서 넘어졌다고 다시는 놀이터에서 놀지 않는 경우를 본 적 있는가? 아이들이 노는 것을 멈추는 이유는 놀다가 다쳐서가 아니라 그만 놀고 학원 가라는 엄마의 성화 때문이다. 주변의 의견에 휩쓸려 행복의 기회를 놓치는 일은 없었으면 한다.

5장

주식에도 데뷔가 있다, IPO

회사를 처음 세웠을 때는 당연히 주주가 FFF_{Family, Friend, Fools}뿐일 것이다. 그런데 회사가 잘되기 시작하면 자연스럽게 투자를 원하는 사람들이 늘어날 것이고 그때 회사는 주식을 추가로 발행해 투자금을 유치한다. 그러고도 더 잘되면 마침내 상장을 한다. 주식이나 회사채의 유가증권을 증권거래소 등의 거래소에서 특정주로 매매 가능하게끔 등록하는 것을 상장이라고 한다.

일반 사람들은 기업 상장 소식을 들으면 상장 전에 투자하고 싶어 하지만 매물이 많지 않아 장외거래(증권거래소 밖에서 이뤄지는 주식이나 채권 거래)를 하기가 쉽지 않다. 상장되면 오를 게 뻔한데 누가 내놓겠는가? 그렇다고 상장이 불확실한 종목을 장외거래로 샀다가 끝내 상장이 안 되기라도 한다면? 그래서 많이 하는 방법이 공모주 청약이다. 신규 상장기업의 주식을 배정받기 위해 청약하는 것인데 최근 주식 열풍이 불면서 여기에도 아파트 청약처럼 너무 많은 사람이 몰리다 보니 청약을 해도 몇 주 받지 못하는 사태가 벌어지고 있다. 아파트 청약은 되기만 하면 로또고 떨어지면 한 푼도 벌지 못하는 것과 달리 주식청약은 경쟁률에 따라 주식이 배정돼서 넣은 금액이 많을수록, 즉 더 많은 주를 신청할수록 배정되는 수량도 많기 때문에 돈이 많은 사람이 더 많은 주식을 가져가는 자본주의의 본질을 절감할 수 있다.

어쨌든 공모주 청약을 해도 몇 주 못 받는 게 불만이라면 상장예정 기업의 지분을 갖고 있는 상장사로 눈을 돌리는 방법도 있다. 이 경우 공모주처럼 단기간에 큰 수익률을 얻기는 힘들지 몰라도 원하는 대로 왕창 살 수 있다는 장점이 있다. 그럼 이제 상장을 앞둔 기업의 주식을 보유하고 있는 상장사를 공략하는 방법을 배워보자.

1~2. 다음 기사를 읽고 물음에 답하시오.

NEWS

내년 카카오뱅크 등 역대급 기업을 중심으로 기업공개IPO 시장
이 뜨겁게 달아오를 전망이다. 최근 일부 상장사들의 주가가 기
대치를 밑돌기는 했지만 공모주에 대한 투자자들의 관심은 당
분간 지속될 것이라는 분석이다.

〈머니투데이방송MTN〉, 2020년 11월 13일

1. 기사를 읽고 주식투자자로 가장 불리한 생각을 한 사람은?

① 동원: 내년에는 뭘 청약해볼까?

② 수연: 장외시장에서 저 공모주를 살 방법은 없을까?

③ 현아: 저 기업들 지분을 갖고 있는 상장사를 찾아봐야겠다.

④ 상연: 나도 창업해서 상장하고 싶다.

2. 기사를 읽고 상장 예정인 기업을 찾아봤다. 알맞지 않은 것은?(2021년 2월 현재)

① 카카오뱅크

② 크래프톤

③ LG에너지솔루션

④ 카카오게임즈

-- ◉ ANSWER

1. ④, IPO란 일정 요건을 충족하는 기업이 상장 법인이 되기 위해 외부 투자자들에게 행하는 첫 주식공매다. 다시 말해 대주주 개인이나 가족들이 보유한 주식을 일반인에게 팔아 분산시키고 기업경영을 공개하는 것이다. IPO를 앞두고 있는 기업에 투자하는 가장 일반적인 방법은 상장하기까지 기다렸다가 일반 청약을 통해 공모주를 배정받는 것이다. 그러나 이 방법으로는 앞서 말했듯 청약 경쟁이 치열할 경우 많은 돈을 내고도 몇 주 받지 못하게 된다. 예를 들어 내가 1,000주를 신청했는데 경쟁률이 1,000 : 1이라면 나는 1주를 받는 식이기 때문이다. 이럴 경우 상장을 앞둔 회사의 지분을 갖고 있는 상장사 주식을 사면 우회적으로 투자할 수 있다.

2. ④, 카카오뱅크는 2016년 설립돼 2017년 인터넷전문은행 은행

업본인가를 취득하고 같은 해 7월 27일 대고객 영업을 개시했다. 2021년 유가증권시장(코스피) 상장이 목표다.

크래프톤은 배틀 로열 게임인 〈배틀그라운드〉 성공을 토대로 세계적인 게임 개발사로 떠올랐다. 대표 주관사로 미래에셋대우를 선정하는 등 IPO를 추진 중이다.

LG에너지솔루션은 LG화학이 배터리사업부를 분할해 설립하는 신규 법인의 이름이며 12월 1일 100% 자회사로 출범하기로 했다.

카카오게임즈는 모바일 메신저 '카카오톡'과 포털 'DAUM' 서비스를 활용해 모바일게임과 PC게임의 퍼블리싱 및 채널링 사업을 영위하고 있다. 2020년 9월 상장했다.

3. 다음 기사를 읽고 나눈 대화에서 현아가 찾아봐야 할 곳을 고르시오.

NEWS

국내 2호 인터넷전문은행 카카오뱅크가 기업공개를 추진한다. 내년 하반기 코스피 입성을 목표로 하고 있다. 크래프톤과 함께 내년도 공모주 대어 '투톱' 자리를 예약해뒀다. 한때 장외시장에서 카카오뱅크의 기업가치는 40조 원까지 치솟은 바 있다.

〈매일경제〉, 2020년 11월 11일

동원: 카카오뱅크 상장한다는 기사 봤어?

수연: 응, 내년에 상장한다던데?

현아: 오, 그럼 카카오뱅크 지분을 갖고 있는 기업을 찾아봐야겠다!

상연: 찾으면 공유해줘!

① 청와대

② 기획재정부

③ DART

④ 한국은행

3. ③, DART는 상장 법인 등이 공시 서류를 온라인으로 제출하면 투자자 등의 이용자가 서류가 제출되는 즉시 인터넷에서 조회할 수 있게 하는 종합적 기업공시 시스템이다. 처음 접하는 사람에게는 법전처럼 어렵게 보이지만 투자에 꼭 필요한 정보가 있는 경우가 많으니 자꾸 찾아보며 익숙해지는 것이 중요하다.

4. 다음 기사를 읽고 괄호 안에 들어갈 수 없는 종목을 고르시오.

NEWS

카카오뱅크의 지분을 보유한 (   ), (   )가 카카오뱅
크의 상장 기대감에 강세다. 24일 오전 9시 34분 현재 (   )
는 전날보다 1.39% 오른 7만 3,000원에 거래 중이다. (   )
는 14.33% 오른 1만 6,750원에 거래되고 있다. (   ) 지분
을 보유한 (   ) 주가도 12.78% 올랐다.

〈조선비즈〉, 2020년 9월 24일

① 한국금융지주

② 기업은행

③ 예스24

④ 넷마블

ANSWER

4. ②, 상장을 앞두고 있는 회사에 미리 투자하려고 할 때 그 회사의
지분을 갖고 있는 상장사는 DART에서 찾아볼 수 있다. 아직은 스
스로 DART를 보기가 어렵다면 인터넷에서 기사를 검색해 참고할
수도 있다. 한국금융지주는 자사 보유 지분 4.93%와 자회사인 한국

투자밸류자산운용 보유 지분 28.6%를 포함해 총 33.53%의 지분을 지닌 카카오뱅크의 2대 주주다. 예스24는 1.97%, 넷마블은 3.94%의 지분을 갖고 있다.

차트 1. 예스24는 2020년 9월 24일 카카오뱅크 지분 보유 소식으로 장중 28.33%까지 상승했다.

5. 다음 기사를 읽고 괄호 안에 들어갈 수 없는 종목을 고르시오.

내년도 기업공개 최대어로 꼽히는 크래프톤이 상장을 위해 주관사를 선정했다는 소식에 관련주들이 상승하고 있다.

28일 오전 9시 47분 현재 코스닥시장에서 (　　　)는 전날보다 90원(4.09%) 상승한 2,290원에 거래되고 있다. 장중에는 12% 넘게 오르기도 했다. (　　), (　　), (　　) 등도 1~2%대로 강세를 보이고 있다. 이들은 크래프트 지분을 보유하고 있는 것으로 알려져 있다.

〈한국경제〉, 2020년 10월 28일

① 아주IB투자

② TS인베스트먼트

③ 넵튠

④ NH투자증권

-- ◉ ANSWER

5. ④, 아주IB투자는 창업투자회사로 벤처캐피탈 $_{VC}$과 사모투자 $_{PE}$ 사업을 영위하고 있다. 포트폴리오 중 하나로 크래프톤을 보유하고 있다는 사실이 알려지면서 크래프톤 관련주로 꼽혔다. TS인베스트먼트는 크래프톤 구주 1만 주를 올해 매입했고 넵튠은 크래프톤의 지분 1.08%를 보유하고 있다.

넵튠처럼 직접 지분을 갖고 있는 경우도 있고 아주IB투자처럼 펀드

형태로 지분을 갖고 있는 경우도 있다. 지분율이 같더라도 직접투자가 지분이 더 많다.

차트 2. 아주IB투자는 2020년 10월 29일 크래프톤 지분 보유 소식으로 상한가를 기록했다.

6장

일어나서는 안 되는 일, 재난

지진, 화재, 태풍, 홍수 등의 재난은 일어나지 않길 바라는 일이지만 아무 예고 없이 언제든 일어날 수 있는 일이기도 하다. 재난이 닥쳤을 때 당신은 무슨 생각을 하는가? 주식투자자라면 그 재난으로 어떤 기업이 수혜를 입을까 생각해야 한다. 만약 누군가를 불행하게 하는 재난으로 돈을 번다는 사실에 마음이 불편하다면 주식투자로 돈을 벌었을 때 피해자들에게 성금을 보내면 어떨까? 그들에게 실질적으로 위로보다 더 필요한 것은 돈이기 때문이다. 나 역시 매년 여러 단체에 기부를 실천하고 있다.

1~2. 다음 기사를 읽고 물음에 답하시오.

NEWS

제9호 태풍 '마이삭'이 28일 필리핀 동쪽 해상에서 발생했다.

기상청은 이날 오후 3시 마이삭이 필리핀 마닐라 동북동쪽

약 1,040㎞ 부근 해상에서 발생했다고 밝혔다. 중심기압은

998hPa, 최대 풍속은 시속 64㎞이고 강풍 반경은 200㎞다.

마이삭은 현재 시속 14㎞의 속도로 서북서쪽을 향해 이동 중이

다. 아직 발생 초기여서 이동 경로에 변동성이 크지만, 현재 분

석대로라면 9월 2일 오후 3시께 서귀포 남남서쪽 약 200㎞ 부

근 해상에 도달할 것으로 예상된다.

태풍의 크기와 세기도 점점 강해져 29일 오후 3시 중간 세기의

소형 태풍에서 30일 오전 3시 강한 중형 태풍으로 발달할 전망

이다.

〈연합뉴스〉, 2020년 8월 28일

1. 기사를 읽고 주식투자자로 가장 유리한 생각을 한 사람은?

① 동원: 태풍이 오면 밖에 돌아다니지 말아야겠다.

② 수연: 태풍이 방향을 꺾어 일본으로 갔으면 좋겠다.

③ 현아: 태풍이 오면 어떤 기업이 수혜를 볼지 찾아봐야겠다.

④ 상연: 어느 나라 기상청 예보가 가장 정확한지 지켜봐야겠다.

2. 다음은 기사를 읽고 태풍 관련주를 추론한 것이다. 알맞은 것은?

> 태풍 → 농작물 피해 → (A   )
>
> 태풍 → 쓰레기 발생 → (B   )

① A: 식품주 B: 폐기물주

② A: 비료주 B: 건설주

③ A: 비료주 B: 폐기물주

④ A: 식품주 B: 건설주

⊙ ANSWER

1. ③, 기상 현상은 우리 생활은 물론 기업 활동에도 영향을 미친다. 태풍처럼 매년 발생하는 사건에는 관련주가 있다. 태풍으로 어떤 기업이 피해를 보거나 수혜를 얻는지 알아두면 매년 활용할 수 있다.

2. ③. 태풍으로 농가가 농작물 생산과 수확에 피해를 입으면 비료와 농약의 수요가 증가해 비료주가 수혜주로 꼽힌다. 또 강풍이 불어 해안가에 쓰레기가 쌓이기 때문에 폐기물 처리기업들도 수혜를 본다.

3~4. 다음 기사를 읽고 물음에 답하시오.

NEWS

태풍을 동반한 '긴 장마' 탓에 제습기 주가가 급등했고 농약·비료 관련주와 폐기물 관련 주식 상승세가 꺾이지 않고 있다.

3일 기상청에 따르면 태풍 하구핏이 북상하면서 많은 양의 수증기가 추가 유입되면서 이달 2~5일 중부지방 누적 강수량이 500㎜가 넘는 곳도 있을 것으로 내다봤다. 제주지역은 지난 6월 10일 장마가 시작됐다. 전국적으로 보면 7월을 지나 8월 중순까지 장마가 이어지고 있는 것이다.

〈매일경제〉, 2020년 8월 3일

3. 기사에 언급된 농약·비료 관련주가 아닌 것은?

　　① 팜스토리

② 조비

③ 경농

④ 동방아그로

4. 기사에 언급된 폐기물 관련주가 아닌 것은?

① 코엔텍

② 와이엔텍

③ 에이텍

④ KG ETS

--- ⊙ ANSWER

3. ①, 조비, 경농은 농약과 비료를 생산하는 기업으로 북한 비료 지원 얘기가 나오면 남북 경협주로 분류되기도 한다. 동방아그로도 농약과 비료를 생산·판매하는 농약 제조 전문회사다. 팜스토리는 비료가 아닌 '사료' 관련주로 사료 부문과 식육 부문 사업을 하고 있다.

4. ③, 코엔텍은 산업폐기물 처리업체로 폐기물 수집·운반, 중간처분, 최종처분, 종합처리, 건설 폐기물 수집·운반 등을 하고 있다.

와이엔텍은 주로 석유정제, 석유화학, 기초비료 등 사업장 폐기물 처리를 하며 세부적으로 수집·운반 및 중간처리, 최종처리를 하고 있다.

KG ETS의 주업은 폐기물 소각과 스팀 판매로 전체 사업 매출 비중의 52.7%를 차지한다. 그 외 생활 폐기물, 사업장 폐기물과 함께 의료 폐기물 처리에도 강점이 있다.

에이텍은 공공기관 PC 조달 및 LCD 디스플레이 관련 사업을 하는 기업으로 이재명 경기도지사 관련주로 꼽힌다.

5. 다음 기사를 읽고 관련 없는 종목을 고르시오.

NEWS

올해 장마가 예년보다 길어지면서 장마철 필수 가전으로 꼽히는 제습기 판매가 호조를 보인다. 여기에 신종 코로나바이러스 감염증(코로나19) 영향으로 집에 머무는 시간이 늘면서 공기청정기와 함께 실내 공기 관리에 필요한 제습기 수요 역시 동반 증가하는 상황이다. 이에 따라 과거 수년간 이어진 '마른장마'로 가전업계 애물단지로 전락했던 제습기가 올여름 들어서는 효자 노릇을 톡톡히 하고 있다.

〈이데일리〉, 2020년 7월 19일

① 위닉스

② 신일전자

③ 코웨이

④ 써니전자

-- ⊙ ANSWER

5. ④, 위닉스는 공기청정기, 제습기, 건조기 등 생활 가전제품과 열교환기 제조 및 판매업을 하고 있다.

신일전자는 선풍기·제습기 등 하절기 가전, 난방제품, 각종 전기·전자기구와 연구기구의 제조 및 판매업을 하고 있다.

코웨이는 정수기, 공기청정기, 비데 등 가전제품을 생산·판매한다.

써니전자는 정밀공업용 제품을 제조·판매하는 기업으로 전직 임원이 안랩 출신이라 안철수 테마주로 분류된다.

6. 다음 뉴스를 보고 예측한 내용 중 알맞지 않은 것을 고르시오.

코로나19 여파로 일회용품 사용이 늘고 재활용 쓰레기 수출길은 막혀 걱정이 크다는 소식 전해드렸습니다. 정부가 폐기물 공공비축 방안을 내놨지만 사정이 나아지지 않고 있어서 8월 쓰

레기 수거 대란이 벌어질 것이라는 말도 나오고 있습니다.

<SBS>, 2020년 6월 19일

① 동원: 쓰레기 수거를 포기하면 쓰레기 처리업체 매출이 줄겠네.

② 수연: 쓰레기 수출이 안 되면 결국 국내에서 매립해야겠네.

③ 현아: 쓰레기 매립지가 부족하겠네.

④ 상연: 쓰레기 매립지 매립 단가가 높아지겠네.

🔘 ANSWER

6. ①, 쓰레기가 많이 발생하는데 수출이 안 되면 결국 쓰레기는 국내 쓰레기 매립지에 매립해야 한다. 따라서 쓰레기 매립 단가가 높아지고 폐기물 처리업을 하는 기업의 매출은 늘어난다.

7~8. 다음 기사를 읽고 물음에 답하시오.

NEWS

1일 오후 8시 21분쯤 강원 고성군 토성면 도원리 한 주택에서 난 불이 강풍을 타고 인근 야산을 넘어 학야리 방면까지 번지고 있다.

산림 당국은 소방 당국과 함께 진화하고 있으나 강풍 탓에 어려움을 겪고 있다.

불이 난 곳에는 오후 10시 기준 시속 59㎞(초속 16m)의 강풍이 불고 있다. 산불 초기에는 초속 6m 안팎이었으나, 날이 저물며 3배 가까이 더 강해졌다. 특히 미시령에는 최대 순간풍속 시속 94㎞(초속 26m)의 강풍이 불고 있다.

<조선비즈>, 2020년 5월 1일

7. 기사를 읽고 주식투자자로 가장 유리한 생각을 한 사람은?

① 동원: 봄철이라 건조해서 산불이 났구나.

② 수연: 인명 피해 없이 진화돼야 할 텐데….

③ 현아: 산불 관련주가 뭐가 있는지 찾아봐야겠다.

④ 상연: 소방관분들이 정말 고생이 많으시겠다.

8. 다음은 기사를 읽고 수혜주를 추론한 것이다. 알맞은 것은?

산불 → 소방용품 수요 급증 → (A)

산불 → 대규모 산림자원 손실 → (B)

① A: 건설주 B: 폐기물주

② A: 소방설비주 B: 조림주

③ A: 건설주 B: 조림주

④ A: 소방설비주 B: 폐기물주

---

7. ③, 매년 봄이면 건조한 날씨 탓에 크고 작은 산불이 일어난다. 일단 산불이 발생하면 강풍을 타고 빠른 속도로 번지는 경우가 많은데 특히 강원도 지역은 풍속이 빠르고 산세가 험해 진화 작업에 어려움을 겪는다. 이에 따라 매년 봄에는 산불 관련주가 시세를 준다.

8. ②, 대규모 산불이 나면 소방용품 수요가 급증하고 준비된 용품을 소진하면 재구매해 충당해야 하기 때문에 소방용품 제조사가 특수를 맞는다. 또 나무가 타버려 조림사업을 대규모로 진행해야 하므로 조림사업을 하는 기업은 대규모 수주를 기대할 수 있다.

9~10. 다음 기사를 읽고 물음에 답하시오.

NEWS

강원도 고성군에서 발생한 대규모 산불로 피해가 큰 가운데 소방설비나 조림 관련주들이 5일 장 초반 강세다.

이날 오전 9시 9분 현재 코스닥시장에서 스프링클러 등 소방설비·용품 전문업체 (A)은 전 거래일 대비 14.15% 오른 6,050원에 거래됐다.

소방차량과 소방용 기구 등을 만드는 (A)도 6.87% 뛰어올랐고 화재경보기 등 소방방재 시스템업체인 (A)은 4.13% 상승했다.

또 (B)(5.24%), (B)(5.07%), (B)(3.41%) 등도 함께 올랐다. 이들 회사는 환경복원·조경사업을 하거나 건자재·제지사업을 하면서 조림사업을 하는 업체들이다.

〈연합뉴스〉, 2019년 4월 5일

9. 다음 중 A에 들어갈 수 없는 종목은?

① 파라텍

② 이엔플러스

③ 인콘

④ 삼성화재

10. 다음 중 B에 들어갈 수 없는 종목은?

① 대주산업

② 선창산업

③ 이건산업

④ 한솔홈데코

--- ⊙ ANSWER

9. ④. 파라텍은 소방설비 제조와 시공을 겸하는 회사로 스프링클러 헤드, SP-JOINT(스테인리스 이중링 압착식 배관 이음쇠), 자동식 소화기류, 소방용 밸브류 등을 제조·판매하고 있다.

이엔플러스는 물탱크 소방차를 비롯한 고가 사다리차 등을 제조해 기획재정부 소속 중앙행정기관인 조달청 등에 납품한다.

인콘은 국내 최초로 사물인터넷₁₀ᴛ 기반 지능형 화재감시 시스템을 개발한 기업이다.

차트 3. 파라텍은 2019년 4월 5일 산불 뉴스로 장중 22.45% 상승했다.

10. ①, 선창산업은 합판, 제재목, 빌트인가구, 주방가구 등을 제조·생산·유통·판매하는 종합목재회사다.

이건산업은 국내 건설용 합판 및 마루 사업, 합판·베니어 제조 및 판매, 목재 무역 사업 등을 하고 있다.

한솔홈데코는 종합건축자재 생산업체로 우수한 품질의 국내 중밀도 섬유mDF, 마루바닥재 등의 제재목과 인테리어용재 등의 합판을 취급한다.

대주산업은 배합사료 생산업체로 세종시와 인접한 곳에 공장을 두고 있어 세종시 관련주로 분류된다.

11~12. 다음 기사를 읽고 물음에 답하시오.

NEWS

이날 오후 2시 29분쯤 경상북도 포항시 북구에서 북쪽 9km 지역(북위36.12, 동경129.36)의 땅속 9km 지점에서 규모 5.4의 지진이 발생했다. 기상청은 자연적으로 발생한 지진이라고 설명했다. 이후 오후 2시 46분쯤 경북 포항시 북구 북북동쪽 9km 지점에서 규모 2.5, 오후 2시 52분 북쪽 8km 지점에서 규모 2.4의 여진이 두 차례에 걸쳐 발생했다.

〈조선비즈〉, 2017년 11월 15일

11. 기사를 읽고 주식투자자로 가장 유리한 생각을 한 사람은?

① 동원: 한반도도 더 이상 지진 안전지대가 아니구나.

② 수연: 이재민이 엄청나게 발생하겠네….

③ 현아: 지진 관련주는 뭐가 있는지 찾아봐야겠다.

④ 상연: 지진은 일본에 났으면 좋겠다.

12. 다음은 기사를 읽고 수혜주를 추론한 것이다. 알맞은 것은?

① 동원: 지진으로 무너진 건물을 치우려면 폐기물주가 수혜겠다.

② 수연: 지진으로 내진 설계를 하는 기업들이 수혜겠네.

③ 현아: 지진으로 불안해진 시민들이 사재기하면 식품주가 수혜겠다.

④ 상연: 지진으로 망가진 통신망을 복구하려면 통신주가 수혜겠다.

--- \boxed{\text{ANSWER}}

11. ③, 2016년 진도 5.8의 경주 지진 이후로 한반도에 지진이 잦아지고 있다. 동일본 대지진이 주변 단층에 영향을 줬다는 설이 제기되는 가운데 한반도도 이제 더는 지진 안전지대가 아니다.

12. ②, 지진이 발생하면 그 지역에 다시 짓는 건물들은 한층 강화된 내진 설계를 적용할 가능성이 높기 때문에 내진 설계를 하는 기업들이 매출 증대의 기대감을 받는다.

13. 다음 기사를 읽고 괄호 안에 들어갈 수 없는 종목을 고르시오.

경북 포항에서 15일 오후 규모 5.5의 지진이 발생하자 '지진 테마주'로 불리는 종목들이 주식시장에서 급등하고 있다.

이날 오후 2시 45분 현재 (   )은 가격 제한 폭(29.95%)까지

\text{123}

오른 4,990원에 거래되고 있다.

(   )은 금속 조립 구조재를 만드는 회사로 지진 등 재난 관련주로 분류돼 과거에도 국내에 큰 지진이 발생할 때마다 급등했다.

역시 지진 테마주로 분류되는 (   )(16.89%)과 (   ) (15.81%), (   )(12.32%)도 두 자릿수의 상승률을 보이고 있다.

<경인일보>, 2017년 11월 15일

① 삼영엠텍

② 포메탈

③ KT서브마린

④ 동아지질

ANSWER

13. ③, 삼영엠텍은 지진에 견딜 수 있는 구조재인 교량 받침대를 비롯해 플랜트 기자재 및 선박엔진 구조재 등 산업에 필요한 철강소재와 구조물 구조재 등 교량건설에 필요한 교좌장치를 생산·판매한다.

포메탈은 자동차·방산용 단조부품 제조사로 원자력밸브 등 내진 설계 관련 제품을 생산하고 있다.

동아지질은 지반 조사에서 설계 시공까지 서비스하는 토목건설사로

기계식터널, 지반개량, 지하연속벽 등의 사업을 하고 있다.

KT서브마린은 해저 광케이블 건설 전문업체로 해저터널 테마주로

분류된다.

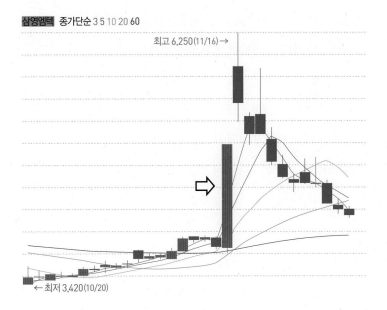

차트 4. 삼영엠텍은 2017년 11월 15일 지진 뉴스로 상한가를 기록했다.

14~15. 다음 기사를 읽고 물음에 답하시오.

인천과 경기 지역에서 수돗물 유충 발견이 이어지는 가운데 서울, 대전, 울산, 부산 등 전국 곳곳에서 연일 유충이나 벌레가 나왔다는 신고가 잇따라 국민 불안이 커지고 있다.

환경부는 최초 유충이 발견된 정수장과 같은 정수설비가 적용된 정수장 일부에서 유충이 발견되자 전국 정수장을 대상으로 긴급 전수조사를 벌이고 보완조처를 지시하는 등 대책 마련에 분주하다.

〈연합뉴스〉, 2020년 7월 21일

14. 기사를 읽고 주식투자자로 가장 유리한 생각을 한 사람은?

① 동원: 우리 집 수돗물은 안전한지 봐야겠다.

② 수연: 수돗물에서 벌레라니… 끔찍하다.

③ 현아: 수돗물이 오염되면 어떤 기업에 호재인지 알아봐야겠다.

④ 상연: 인도에서 이 정도는 일도 아닌데….

15. 다음은 수혜주를 추론한 것이다. 알맞지 않은 것은?

① 동원: 수돗물이 오염됐으니 수도관을 교체하겠네! 수도관 제조사가 수혜겠다.

② 수연: 수돗물이 오염됐으니 생수를 많이 사 마시겠네! 생수 판매사가 수혜겠다.

③ 현아: 수돗물이 오염됐으니 샤워기 필터를 많이 사겠네! 샤워기 필터는 누가 만들지?

④ 상연: 수돗물이 오염됐으니 사람들이 호텔에서 자겠네! 호텔업이 수혜겠다.

--- ⊙ ANSWER

14. ③, 수돗물 오염 사태가 발생하면 수돗물에서 녹물이나 유충이 나오는데 원인은 노후 수도관일 수도 있고 정수장에서 유충이 서식해 섞여 들어오는 것일 수도 있다. 원인에 따른 수혜주를 잘 알아둔다면 이후 수돗물 오염 사태가 발생했을 때 신속히 대처할 수 있다.

15. ④, 수돗물이 오염되면 노후 수도관 교체 기대감이 생기면서 수도관 제조사 주가가 상승한다. 또 생수가 많이 팔리므로 생수 판매사도 수혜를 입는다. 유충이 발견된 경우에는 유충을 걸러 수돗물을 사용하기 위해 샤워기 필터 판매량이 증가한다.

16. 다음 기사를 읽고 괄호 안에 들어갈 수 없는 종목을 고르시오.

NEWS

인천 서구를 중심으로 수돗물에서 유충이 발견됐다는 신고가 잇따르면서 관련주가 부각되고 있다.

17일 마켓포인트에 따르면 이날 오전 9시 31분 기준 물, 에너지, 환경 플랜트 전문업체인 (   )은 전 거래일 대비 495원 (29.91%) 오른 2,150원에 거래 중이다. 환경 관련 기자재업체인 (   )과 물처리 시스템 등의 사업을 영위하는 (   )도 각각 23.31%, 13.33% 상승 중이다.

〈이데일리〉, 2020년 7월 20일

① 뉴보텍
② 웰크론한텍
③ 드림텍
④ 시노펙스

ANSWER

16. ③. 뉴보텍은 상하수도관, 빗물저장시설 등을 주요 제품으로 하는 플라스틱 상하수도관 제조업과 자원 재활용소재 사업을 하고 있다.

웰크론한텍의 주 사업은 물, 환경, 에너지 관련 플랜트 및 플랜트 종합건설이다.

시노펙스는 나노기술소재 부품 전문기업으로 FPCB_{Flexible PCB}(유연성 있는 절연기판을 사용한 배선판)사업, 멤브레인 필터(오염물질을 제거하는 정수기의 핵심 부품) 및 물처리 사업을 하고 있다.

드림텍은 전자 부품 제조 전문기업으로 코로나19 감염 여부를 30초 만에 진단할 수 있는 '전자코 솔루션'을 개발해 코로나19 관련주로 분류된다.

차트 5. 뉴보텍은 2020년 7월 20일 수돗물 유충 발견 뉴스로 상한가를 기록했다.

17. 다음 기사를 읽고 괄호 안에 들어갈 수 없는 종목을 고르시오.

NEWS

인천과 경기 지역은 물론 서울에서도 수돗물 유충이 발견되면서 정수기 관련주가 오름세다.

20일 오후 12시 31분 기준 (　　　　)는 전 거래일보다 4.45% (3,400원) 상승한 7만 9,800원에 거래되고 있다. (　　　　)도 2.32%(800원) 상승한 3만 5,350원, (　　　　)는 7.74%(200원) 오른 2,785원에 거래 중이다.

〈머니S〉, 2020년 7월 20일

① 코웨이

② 쿠쿠홈시스

③ 위니아딤채

④ 자연과환경

· ANSWER

17. ④, 코웨이는 5번 문제 해설 참조.

쿠쿠홈시스는 정수기 개발 및 제품 생산과 렌탈 사업을 하고 있다.

위니아딤채는 종합가전제품 제조회사로 김치냉장고 외에도 정수기를 비롯한 다양한 주방·생활 가전을 제조·판매하고 있다.

자연과환경은 환경생태복원과 토양·수질 정화사업 등의 환경사업을 추진하는 회사로 DMZ 생태공원 조성 시 수혜가 기대되는 남북 경협주(경제협력주식)에 속한다.

18. 다음 기사에서 괄호 안에 들어갈 수 없는 종목을 고르시오.

NEWS

최근 인천을 비롯해 경기도 파주 등 전국 각지에서 수돗물의 유충·벌레 발견 소식에 21일 장 초반 구충제 관련주가 강세다. 이날 오전 9시 47분 기준 (   )은 상한가로 급등해 1만 2,800원을 기록 중이다. 그 외 (   ) 14.16%, (   ) 12.66%, (   ) 5.8%의 상승률을 각각 기록 중이다.

〈서울경제〉, 2020년 7월 21일

① 셀트리온

② 화일약품

③ 조아제약

④ 명문제약

18. ①, 화일약품은 화일알벤다졸정이라는 알벤다졸 성분의 구충제를 제조·판매한다.

조아제약은 윈다졸정이라는 알벤다졸 성분의 구충제를 제조·판매한다.

명문제약은 제나콤정이라는 알벤다졸 성분의 구충제를 제조·판매한다.

셀트리온은 코로나19 항체치료제 개발사로 코로나19 관련주에 속한다.

차트 6. 화일약품은 2020년 7월 21일 수돗물 유충 발견 뉴스로 상한가를 기록했다.

19. 다음 기사를 읽고 괄호 안에 들어갈 종목을 알맞게 짝지은 것은?

NEWS

국내 주식시장에서 (A)과 (B) 등 생수 관련주가 상승세다. 최근 인천과 경기 일부 지역에 이어 서울과 충북 청주 등의 수돗물에서 벌레 유충 발견 신고가 잇따르면서다.

20일 오전 9시 15분 현재 (A)은 전 거래일보다 1,260원 (15.81%) 급등한 9,230원에 거래되고 있다. (A)은 '삼다수'를 판매하고 있다. '백산수'를 유통 중인 (B)도 1%대 오름세다.

〈한국경제〉, 2020년 7월 20일

① A: 롯데칠성 B: 삼양식품

② A: 광동제약 B: 롯데칠성

③ A: 광동제약 B: 농심

④ A: 오리온 B: 빙그레

ANSWER

19. ③. 광동제약은 전문의약품 사업부를 운용하며 항암제 '코포랑' 및 혈관보강제 '베니톨' 등을 생산하고 있다. 2012년 12월 제주개발

공사로부터 삼다수 판매권을 획득해 생수사업을 시작했고 2017년 11월 국내 소매용 위탁판매 재계약을 체결하면서 지속적인 판매권을 획득했다. (계약 기간: 2017년 12월 15일~2021년 12월 14일)

농심은 라면·과자류, 음료류, 향신료 등을 제조·판매하고 있다. '백산수'를 수위권 브랜드로 육성 중이며 중국 연변에 있는 해외 사업소인 연변농심에서 생산하고 있다.

차트 7. 광동제약은 2020년 7월 20일 수돗물 유충 발견 뉴스로 장중 28.61%까지 상승했다.

20. 다음 기사를 읽고 괄호 안에 들어갈 종목을 고르시오.

> **NEWS**
>
> 수돗물 유충 사태로 (　　)의 국내 유일 BPA 불검출 필터 샤워기 '닥터오플러스 닥터샤워기(이하 닥터샤워기)'의 판매가 급증하며 물량 부족 사태가 벌어지고 있는 것으로 확인됐다. 28일 업계 관계자에 따르면 최근 인천에서 시작된 수돗물 유충 발견 사태 여파로 샤워필터업계가 특수를 누리는 가운데 (　　)의 '닥터샤워기' 역시 주문이 폭증하고 있다.
>
> 〈서울경제TV〉, 2020년 7월 28일

① 대림B&CO

② 웹스

③ 코웨이

④ 웰크론

--- ⊙ ANSWER

20. ②, 열가소성 플라스틱은 열을 가하면 가소화돼 흐를 수 있는 상태가 됐다가 식으면 다시 굳어버리는 플라스틱으로 이 특성을 이용해 특수한 플라스틱을 제조할 수 있는데 이를 컴파운드_{compound}라고

한다. 고분자 신소재 개발업체인 웹스는 컴파운드 융합기술을 바탕으로 자동차, 전자, 레저, 건자재 등의 사업을 하고 있다. 닥터샤워기는 뇌, 자궁, 난소 등에 장애를 일으키는 환경호르몬인 비스페놀 A_{BPA}로부터 자유로운 PCTG 소재를 사용해 수돗물 유충 사태로 이슈가 생겼을 때 더욱 주목받았다.

7장

가깝지만 먼 나라, 일본

한국은 일본에 국권을 강탈당해 식민지가 됐던 역사가 있고 그때의 문제들이 세월이 흐른 지금에도 제대로 청산되지 않은 탓에 많은 국민에게 반일 감정이 남아 있다. 정부 간 갈등도 끊이지 않았는데 특히 2019년 외교 문제에서 발발한 일본의 수출 규제 조치는 한국 기업에 직접적인 타격을 줬다. 갈등은 우리나라 대법원이 일본 기업에 강제징용 배상 책임이 있다는 판결을 내리면서 시작됐다. 일본 정부는 이에 대해 1965년 한일청구권협정에서 정리된 문제로 개인의 배상 책임은 없다고 반발하며 그간 반도체를 생산하는 데 일본 수입 의존도가 높았던 불화수소, 포토 레지스트, 플루오린 폴리이미드fluorinated polyimides 3가지 원자재의 수출 규제 조치를 내렸다. 국가 간 외교 갈등이 경제에 어떤 영향을 미칠 수 있는지 극명하게 보여준 사례로 이후 우리나라에서는 그 어느 때보다 거센 일본 불매운동이 일었다. 불매운동의 중심에 있었던 유니클로를 비롯해 일본 맥주, 자동차 등의 매출이 감소한 것은 물론 한국인 관광객이 많았던 일본 지역의 타격 또한 컸다. 이 같은 일련의 사태는 언제든 반복될 수 있는 일이다. 주식투자자라면 우리나라와 역사적·지리적으로 가까운 나라들과의 관계를 예의 주시하며 대응할 필요가 있다.

1. 다음 기사를 읽고 주식투자자로 가장 유리한 생각을 한 사람은?

NEWS

일본 정부가 한국 법원의 강제징용 배상 판결에 따라 자국 전범기업의 자산이 현금화될 가능성에 대비한 2차 보복 조치를 검토한 것으로 전해졌다. 한국인에 대한 비자 발급 조건을 까다롭게 하거나, 주한 일본대사를 일시적으로 귀국시키는 방안이 거론된다.

〈경향신문〉, 2020년 7월 26일

① 동원: 한동안 한일 관계가 또 나빠지겠군.

② 수연: 일본 불매운동 해야지!

③ 현아: 일본 불매운동으로 어떤 기업이 수혜를 입을지 찾아봐야겠다.

④ 상연: 일본은 정말 나쁜 놈들이구나.

⊙ ANSWER

1. ③, 일본과의 관계는 기본적으로 좋다고 할 수 없지만 2019년 일본의 수출 규제 조치는 본격적인 경제 갈등을 불러일으켰다. 이에 대해

우리나라 국민들은 일본 불매운동으로 맞섰는데 이 과정에서 일본 산 제품을 대체할 수 있는 국산 제품이 반사이익을 누렸다.

2. 다음 기사에서 괄호 안에 들어갈 종목을 알맞게 짝지은 것은?

NEWS

(A), (B) 등 이른바 '애국 테마주'가 27일 장 초반 강세를 보이고 있다.

27일 오전 9시 30분 현재 (A)는 전 거래일 대비 21.75% (1,470원) 오른 8,230원에 거래되고 있다. 일본 볼펜 브랜드와 경쟁 관계에 있는 (A)는 일본 불매운동의 수혜주로 분류된다.

SPA 브랜드 탑텐을 운영하고 있는 (B)은 같은 시간 16.85%(310원) 오른 2,150원을 기록하고 있다.

이는 일본 정부가 한국을 상대로 비자 발급 규제, 주한 일본대사 일시 귀국 등 새로운 보복 조치 마련에 착수했다는 소식이 전해진 영향으로 풀이된다.

〈머니투데이〉, 2020년 7월 27일

① A: 현대차 B: 모나미

② A: 모나미 B: 삼성전자

③ A: 모나미 B: 신성통상

④ A: 쌍방울 B: 대한항공

◉ ANSWER

2. ③, 모나미는 문구와 컴퓨터 소모품 등을 취급하고 있으며 모나미 볼펜을 비롯해 유성매직, 색연필, 잉크카트리지 등이 주요 상품이다. 신성통상은 국내 대표 SPA 브랜드 탑텐TOPTEN10을 보유한 니트 의류 수출기업으로 OEM 방식으로 성장했으며 '타깃Target,' '월마트WallMart' 등 대형 바이어 위주로 영업을 전개하고 있다.

차트 8. 모나미는 2020년 7월 27일 일본 불매운동 수혜주로 상한가를 기록했다.

3~4. 다음 기사를 읽고 물음에 답하시오.

NEWS

일본 정부가 후쿠시마 제1원자력발전소의 방사능 오염수 해양 방출 결정을 내릴 시점이 다가오면서 동북아의 긴장이 고조되고 있다. 일본 정부가 오염수 방출을 결정할 경우 비난 여론이 비등해지면서 최근 경색 국면에서 벗어나기 위한 한·일 양국의 출구전략에 악영향을 미칠 것이라는 지적이 나온다.

〈세계일보〉, 2020년 11월 14일

3. 기사를 읽고 주식투자자로 가장 유리한 생각을 한 사람은?

① 동원: 이제 수산물 불안해서 못 먹겠네.

② 수연: 일본은 회를 많이 먹는데 일본 국민들은 가만히 있나?

③ 현아: 일본이 오염수를 방출하면 수혜인 기업을 알아봐야겠다.

④ 상연: 일본 이 나쁜 놈들!

4. 다음은 방사능 오염수 방출 수혜주를 추론한 것이다. 알맞은 것은?

> 방사능 오염수 방출 → 수산물 가격 폭등 → (A)
>
> 방사능 오염수 방출 → 방사능 제염산업 관심 → (B)

① A: 농업주 B: 원자력발전주

② A: 수산주 B: 원자력발전소 해체주

③ A: 농업주 B: 원자력발전소 해체주

④ A: 수산주 B: 원자력발전주

○ ANSWER

3. ③, 2011년 동일본 대지진으로 후쿠시마지역 원자력발전소가 붕괴한 후 일본은 방사능 오염수를 바다로 배출하지 않고 탱크에 저장해왔다. 하지만 최근 저장 용량이 한계에 다다랐다며 방사능 오염수를 바다로 내보내려는 시도를 하고 있다.

4. ②, 방사능 오염수 방출 우려로 수산물 가격이 폭등하면 수산주가 수혜를 입는다. 또 오염수에 함유돼 있는 각종 방사능 물질을 제거하는 산업이 주목을 받으면서 원자력발전소 해체 시 쓰이는 기술에 대한 관심이 높아진다.

5. 다음 기사를 읽고 괄호 안에 들어갈 수 없는 종목을 고르시오.

NEWS

일본 정부가 원전 오염수를 바다에 방류한다는 현지 보도가 나오면서 국내 수산주가 강세를 보이고 있다.

16일 오전 9시 36분 현재 (   )는 전날보다 10.24% 오른 4,900원에 거래되고 있다. (   )는 7.99%, (   )은 7.77% 상승 중이다. (   )도 4% 넘게 오르고 있다.

일본 정부가 원전 오염수를 방류함에 따라 한국 정부가 일본 수산물 수입에 대한 규제를 강화할 경우 국내 수산물업체에 수혜가 있을 것이라는 기대감에 주가가 오르는 것으로 분석된다.

〈조선비즈〉, 2020년 10월 16일

① 사조씨푸드

② CJ씨푸드

③ 동원수산

④ 대한해운

--- ⊙ ANSWER

5. ④. 사조씨푸드는 참치 어획부터 유통·수출은 물론 부가식품을

개발·판매하는 수산물 가공 유통 전문기업이다.

CJ씨푸드는 삼호물산 주식회사로 설립돼 1985년 최초의 위생·고급 어묵인 '삼호어묵'을 출시하면서 내수식품사업을 시작했다. 어묵 부문 시장점유율 1위, 맛살 부문 3위를 기록하고 있다.

동원수산은 원양어업 및 수산물 제조·가공, 냉동냉장업 등의 사업을 영위하고 있다. 일본 내 1위 도시락업체인 플레너스PLENUS와의 합작으로 와이케이푸드를 설립하고 도시락 사업도 진행하고 있다.

대한해운은 해상 화물운송 및 해운 대리점업을 하는 에너지·자원 전문 수송선사로 해상 운임 상승 이슈에 주가가 상승하는 해운주다.

차트 9. 사조씨푸드는 2020년 10월 16일 일본 정부의 원전 오염수 방류 뉴스로 장중 14.9%까지 상승했다.

6. 다음 기사를 읽고 괄호 안에 들어갈 종목을 고르시오.

NEWS

최근 일본 정부가 후쿠시마 제1원전 오염수의 바다 방출을 사실상 확정하면서 (　　　)의 방사능 제염사업이 연일 부각되고 있다.

23일 관련 업계에 따르면 우리 정부는 일본이 방사능 오염수를 배출하기로 결정하면 일본산 수산물 수입을 전면 금지하는 방안을 검토할 방침이다. 이에 따라 한일 간 수산물 분쟁으로 이어질 수 있는 분위기 속에서 원전 해체사업을 진행 중인 (　　　)이 주목받고 있다.

(　　　)은 지난해 자회사인 원자력환경기술개발NEED을 인수하며 방사능 제염사업에 진출했다.

〈매일경제〉, 2020년 10월 23일

① 보성파워텍

② 우리기술

③ 우진

④ 한전기술

6. ③, 우진은 산업용·원자력발전소용 계측기 제조 전문기업이다. 계측기 외에도 철강산업용 자동화장치, 설비 진단 시스템, 유량계 및 유량 시스템 등을 주요 사업으로 한다. 현재 방사성 세슘으로 오염된 소각재를 제염해 정화하는 기술을 상용화하기 위한 연구를 진행 중이다.

8장

미워도 다시 한 번, 중국

중국은 2016년 7월 우리나라가 미국의 사드_{THAAD}(고고도 미사일 방어체계)를 배치하기로 결정한 이후 이에 대한 보복으로 '한한령_{限韓令}'을 내렸다. 한국으로의 단체 관광이나 한국 대중문화 향유를 금지하는 등의 조치를 취한 것인데 중국 의존도가 높은 한국 기업은 치명타를 입었다. 특히 화장품과 엔터테인먼트업계 매출이 크게 감소하며 긴 암흑기에 빠졌다.

한한령 해제는 2020년 1월부터 조짐을 보이기 시작했으며 그 신호탄은 시진핑_{習近平} 중국 주석의 방한이 될 것이라는 예측과 함께 이에 관한 뉴스가 보도될 때마다 관련주의 주가가 들썩인다. 일본만큼이나 중국 역시 우리나라와의 외교 문제가 경제적으로 큰 영향을 미치기 때문에 관련 기업들을 잘 파악해둘 필요가 있다.

1~2. 다음 기사를 읽고 물음에 답하시오.

NEWS

아시아 최대 전자상거래업체 알리바바가 올해 개최한 '11·11 쇼핑 축제(광군제光棍節)'에서 거래액이 사상 최대 규모인 83조 원에 달한 것으로 알려졌다.

알리바바는 12일 중국 저장성 항저우시 본사 인근 프레스센터에서 지난 1일부터 11일까지 티몰, 타오바오, 티몰 글로벌, 알리익스프레스, 페이주 등 자사의 여러 플랫폼에서 총 4,892억 위안(약 83조 7,972억 원)의 거래가 이뤄졌다고 발표했다.

〈조선일보〉, 2020년 11월 12일

1. 기사를 읽고 주식투자자로 가장 유리한 생각을 한 사람은?

① 동원: 한국에는 왜 저런 행사가 없지?

② 수연: 이번에 중국에서 직구를 해볼까?

③ 현아: 광군제에서 많이 팔리는 한국 제품이 뭔지 찾아봐야겠다.

④ 상연: 코로나19 바이러스로 전 세계를 뒤흔들고 자기들은 잘사네.

2. 다음은 광군제 수혜주를 추론한 것이다. 알맞은 것은?

> 광군제 → 한국에 상장된 중국 기업 매출 상승 → (A   )
>
> 광군제 → 중국에서 인기 있는 한국 기업 매출 상승 → (B   )

① A: 국내 상장 중국주 B: 중국 소비주

② A: 화장품주 B: 식품주

③ A: 중국 소비주 B: 게임주

④ A: 엔터주 B: 중국 소비주

⊙ ANSWER

1. ③. 매년 11월 11일 열리는 광군제는 미국의 블랙프라이데이 같은 중국 최대 쇼핑 시즌이다. 이날을 전후로 중국의 온라인 쇼핑몰들이 대규모 할인 행사를 진행하는데 해를 거듭할수록 매출 신기록도 갈 아치우고 있다. 특히 2020년은 코로나19로 억눌렸던 소비가 한꺼번 에 폭발하는 보복 소비 양상을 보였다. 이 시기 한국 제품도 많이 팔 리기 때문에 중국 소비주를 눈여겨봐야 한다.

2. ①. 중국 광군제 매출 상승과 연관된 중국 기업이 한국에 상장해 있는 경우가 있다. 이를 국내 상장 중국주라고 부른다. 국내 상장 중

국주는 회계가 투명하지 못할 것이라는 편견 때문에 시장의 관심을 받지 못하는 경우가 많지만 광군제 기간에는 반짝 주목을 받기도 한다. 한편 중국에서 잘 팔리는 한국 제품을 만드는 기업을 묶어 중국 소비주라고 부른다. 대표적으로 화장품, 식품 기업이 있다.

3. 다음 기사를 읽고 괄호 안에 들어갈 종목을 고르시오.

NEWS

중국의 화장품용 펄 전문생산기업 (   )가 중국의 광군제 (11월 11일)를 겨냥, 유통 신사업에 본격 시동을 건다는 소식에 강세다.

28일 한국거래소에 따르면 오전 11시 36분 기준 (   ) 주가는 전 거래일 대비 7.90%(145원) 오른 1,980원에 거래 중이다.

(   )는 중국의 최대 쇼핑 축제인 광군제를 겨냥해 중국의 대표적인 전자상거래 플랫폼인 티몰과 징동닷컴, 핀둬둬 등에 전략적으로 물품 공급을 하고 있다고 28일 밝혔다.

〈이데일리〉, 2020년 10월 28일

① 윙입푸드

② 컬러레이

③ 헝성그룹

④ 로스웰

◉ ANSWER

3. ②. 컬러레이는 진주광택 안료를 기반으로 화장품용 진주광택 안료를 연구·개발·제조·판매하는 기업이다. 중국 내 영업자회사 '저장컬러레이과기발전유한공사' 설립 이후 해외 상장 목적으로 설립된 홍콩 지주회사 '컬러레이홀딩스'가 한국 사업 진출의 일환으로

차트 10. 컬러레이는 2020년 10월 28일 광군제 뉴스로 장중 14.9%까지 상승했다.

2020년 1월 지분 100%를 출자해 설립했다. 진주광택 안료는 천연 진주나 전복 껍질 안쪽 등에서 나는 무지갯빛 광택을 주기 위해 사용되는 특수 광학적 성질의 안료로 색조 화장품은 물론 자동차, 건물 등 산업용으로도 광범위하게 사용된다.

4. 다음 기사를 읽고 괄호 안에 들어갈 종목을 알맞게 짝지은 것은?

NEWS

신종 코로나바이러스 감염증(코로나19) 확산으로 침체됐던 중국의 소비 심리가 '광군제(독신자의 날)'에 83조 원이 넘는 거래액을 기록할 정도로 폭발하면서 국내 화장품업계도 모처럼 특수를 누렸다.

(A)은 올해 광군제에서 매출 15억 5,000만 위안(약 2,600억 원)을 기록했다고 12일 밝혔다. 이는 전년 대비 174% 증가한 수치로, 역대 최대 매출이다. 이 중 한방화장품 브랜드 '후'는 전년 대비 181% 증가한 12억 1,800만 위안(약 2,051억 원)어치 판매되며, 럭셔리 화장품 브랜드 매출 순위에서 에스티로더, 랑콤에 이어 3위를 차지했다. 특히 후의 대표 제품인 '천기단 화현' 세트는 지난해보다 200% 증가한 76만 세트가 판매되며 티몰

전체 상품들 중 화웨이, 애플에 이어 매출 3위에 올랐다. 이 밖에 숨(92%), 오휘(783%), CNP(156%), 빌리프(153%), VDL(7%) 등도 전년 대비 높은 성장률을 보였다.

(B)의 광군제 매출도 전년 대비 2배 늘며 신기록을 달성했다. 브랜드별로는 설화수의 매출이 전년 대비 174% 성장하며 티몰 럭셔리 뷰티 부문 상위 5위에 이름을 올렸다. 특히 설화수는 예약 판매 10분 만에 1억 위안(168억 원)어치 판매된 데 이어 13시간 만에 지난해 실적을 초과 달성했다. 라네즈는 립슬리핑 마스크 예약 판매 첫날 해당 카테고리에서 1위를 차지했다. 헤라(100%), 마몽드(25%), 아이오페(66%), 프리메라(446%), 려(95%) 등의 매출도 크게 증가했다.

〈서울경제〉, 2020년 11월 12일

① A: 아모레퍼시픽 B: 토니모리

② A: 잇츠한불 B: 한국화장품

③ A: LG생활건강 B: 아모레퍼시픽

④ A: 애경산업 B: 코리아나

● ANSWER

4. ③, LG생활건강은 후, 숨, 오휘, 빌리프, CNP, 이자녹스, 더페이

스샵 등 기초 및 색조 화장품과 생활용품을 개발·제조·판매한다.
아모레퍼시픽은 이니스프리, 에뛰드, 에스쁘아 등 기초 및 색조 화장품, DB Daily Beauty (홈케어·개인생활용품), 식품(녹차류, 건강기능식품)의 제조·가공 및 판매 사업을 영위하고 있다.

5. 다음 기사를 읽고 괄호 안에 들어갈 종목을 알맞게 짝지은 것은?

NEWS

국내 주요 식품업체들이 중국 최대 쇼핑 축제 '광군제'에서 좋은 실적을 올렸다.

13일 식품업계에 따르면 (A)은 이달 1~11일 중국의 주요 온라인 쇼핑몰인 '징동'과 '알리바바' 등에서 약 85억 원의 매출을 기록했다.

이는 지난해 광군제 매출 약 42억 원의 2배가 넘는 실적이다.

(A)의 간판 수출 상품인 불닭볶음면은 '징동' 수입 라면 랭킹 1위에 올랐고, '알리바바'에서도 최고의 즉석 라면 랭킹 4위를 차지했다.

(B) 역시 비비고 만두, 국물 요리, 죽, 햇반컵밥 등 주력 상품을 앞세워 재미를 봤다.

（ B ）은 이달 1~11일 광군제 행사로 중국에서 52억 원의 매출을 올렸다. 이는 지난해 같은 기간 23억 원의 2.3배에 달하는 규모다.

（ C ）은 광군제 당일인 지난 11일 하루 15억 원에 달하는 매출을 올려 작년 광군제 때보다 30% 증가했다.

신라면·안성탕면·너구리 등（ C ） 대표 제품 8종으로 구성된 패키지 상품이 가장 많이 팔렸고, 신라면 봉지 5개입 제품과 김치라면 봉지 5개입 제품이 각각 2위와 3위를 차지했다.

〈연합뉴스〉, 2020년 11월 13일

① A: 오뚜기 B: 풀무원 C: 농심

② A: 삼양식품 B: 오뚜기 C: 농심

③ A: 농심 B: CJ제일제당 C: 오뚜기

④ A: 삼양식품 B: CJ제일제당 C: 농심

◉ ANSWER

5. ④, 삼양식품은 면류, 스낵류, 유제품, 조미소재류 등을 제조해 판매하는 기업으로 1963년 국내 최초 '삼양라면'을 생산했다. 면 제품 매출액이 91.1%로 가장 많으며 미국, 러시아, 유럽을 비롯해 중국, 동남아 등지에 삼양라면과 불닭볶음면 등의 제품을 수출하고 있다.

CJ제일제당은 2007년 CJ에서 기업 분할돼 식품과 생명공학에 집중하는 사업회사로 출발했다. 브랜드 '비비고'를 국내 및 글로벌 대형 브랜드로 육성 중이다.

농심은 국내 라면 시장 과반 이상의 높은 시장점유율을 유지하고 있는 회사다. 신라면, 새우깡, 너구리 등 대표 제품을 비롯해 라면, 과자류, 음료류, 향신료 등을 제조·판매하고 있다.

6~7. 다음 기사를 읽고 물음에 답하시오.

NEWS

시진핑 중국 국가 주석이 이르면 이달 말이나 다음 달 초·중순께 방한하는 방안을 추진하고 있는 것으로 알려졌다. 그동안 시진핑 연내 방한은 사실상 물 건너간 게 아니냐는 관측이 있었지만 한·중 양국이 성사시키는 데 의견을 모았다는 분석이다.

〈한국경제〉, 2020년 11월 12일

6. 기사를 읽고 주식투자자로 가장 유리한 생각을 한 사람은?

① 동원: 미국이 혼란한 틈을 타서 오려고 하는구나.

② 수연: 맨날 온다고 말만 하고 안 오더니 이번엔 진짜 오려나?

③ 현아: 시진핑 방한 관련주를 찾아봐야겠다.

④ 상연: 중국 너무 싫다.

7. 다음은 시진핑 방한 수혜주를 추론한 것이다. 알맞지 않은 것은?

> 시진핑 방한 → 한한령 해제 → (　　)

① 게임주

② 엔터주

③ 화장품주

④ 드론주

-- ⊙ ANSWER

6. ③, 중국은 그간 한한령으로 한국과의 외교 갈등을 기업들에 보복해왔다. 한류 스타의 공연, 드라마, 영화 상영 등이 금지됐고 한국 게임의 중국 시장 진출도 막혔다. 시진핑의 방한은 한한령의 해제를 뜻한다고 해석되므로 관련 뉴스에 주목할 필요가 있다.

7. ④, 한한령의 영향으로 중국의 앱마켓에 한국산 게임이 등록되지 못하고 있다. 중국에서 게임을 판매하기 위해서는 '판호版號'(중국 내 게임 서비스 허가권)라는 것이 필요한데 한한령 이후 한국에서 만든 게임에 판호가 나오지 않는 탓이다. 다만 한국 게임의 IP를 활용해 만든 중국 게임은 판호가 나왔다. 또 한국 가수의 공연이 제한된 것은 물론 한국 드라마나 영화가 중국에서 방영되는 데도 어려움을 겪고 있다. 이로 인해 중국 팬 비중이 높은 엔터테인먼트사의 경우 매출의 상당 부분이 크게 감소했다.

한국으로의 단체 관광도 오기 어려워져 유커游客들이 면세점에서 한국 화장품을 대량으로 쇼핑하는 모습도 보기 힘들어졌다. 다만 한국 면세점에서 대량 구매한 화장품을 중국 쇼핑몰에서 파는 것은 가능하다고 한다.

8. 다음 기사를 읽고 괄호 안에 들어갈 수 없는 종목을 고르시오.

시진핑 중국 주석의 연내 방한을 준비 중이란 소식이 전해지면서 화장품주가 오름세를 보이고 있다.

12일 오후 2시 12분 (　　　)은 전 장보다 3.5% 오른 162만

6,000원에 거래됐다. (   )(2.01%), (   )(6.20%), (   )

(2.23%), (   )(1.47%) 등도 오름세를 유지하고 있다.

〈아시아경제〉, 2020년 11월 12일

① 코스맥스

② 잇츠한불

③ 애경산업

④ 클래시스

◉ ANSWER

8. ④. 코스맥스는 화장품 연구, 개발 및 생산 전문기업으로 화장품
ODM(주문자가 제조업체에 제품 생산을 위탁하면 제조업체에서 제품을 개
발·생산해 주문자에게 납품하고 주문업체가 이 제품을 유통·판매하는 방
식) 매출 기준 전 세계에서 가장 큰 기업이다. 국내외 600여 개 브랜
드에 화장품을 공급한다.

잇츠한불은 잇츠스킨을 필두로 더마비, 아토팜 등 화장품과 의약부
외품 등의 제조 및 판매, 도·소매업을 하고 있다. 2015년 잇츠스킨이
상장하면서 모회사 한불화장품을 합병했다.

애경산업은 크게 화장품사업, 생활용품사업으로 구성돼 있으며 주
요 브랜드로는 스파크, 케라시스, 2080, 트리오, 리큐 등이 있다.

클래시스는 미용 목적의 의료기기와 미용기기, 개인용 뷰티 디바이스 및 화장품 사업을 하고 있는 기업으로 '슈링크'로 알려진 피부 리프팅기기를 수출해 글로벌 메디컬 에스테틱 시장을 견인하고 있다. 의료기기 관련주로 분류된다.

차트 11. 잇츠한불은 2020년 11월 12일 시진핑 연내 방한 소식에 장중 11.87%까지 상승했다.

9~10. 다음 기사를 읽고 물음에 답하시오.

NEWS

중국이 인구 고령화에 대응하기 위해 '산아제한' 정책을 폐지할 것이란 전망이 나온다. 중국은 35년간 유지해온 '1가구 1자녀' 정책을 완화해 2016년부터 '1가구 2자녀' 정책을 시행해왔다. 하지만 출산율 저하와 고령화가 지속됨에 따라 적어도 앞으로 5년 내 '1가구 3자녀' 정책을 도입하고, 장기적으로 산아제한을 아예 없앨 수도 있다는 것이다. 5일 관영 글로벌타임스에 따르면 중국 공산당 제19기 중앙위원회 5차 전체회의(19기 5중전회)에서 최근 결정한 14차 5개년(2021~2026년) 경제개발계획에서 '가족계획' 용어가 삭제됐다. 앞선 13차 5개년(2016~2020년) 계획 때까지만 해도 '가족계획'이 국가 기본 방침으로 고수됐지만, 향후 5년을 바라보는 경제개발계획에서는 이 표현이 빠진 것이다.

〈경향신문〉, 2020년 11월 5일

9. 기사를 읽고 주식투자자로 가장 유리한 생각을 한 사람은?

① 동원: 중국도 고령화의 덫을 피하지는 못하는구나.

② 수연: 지금도 인구가 많은데 대체 얼마나 많아지는 거야?

③ 현아: 중국 산아제한이 폐지되면 어떤 기업이 수혜를 입을지 찾아 봐야겠다.

④ 상연: 중국 인구가 늘면 코로나19 같은 것도 더 많아지겠네. 너무 싫다.

10. 다음은 중국 산아제한 폐지 수혜주를 추론한 것이다. 알맞지 않은 것은?

중국 산아제한 폐지 → 중국 영유아 수 급증 → (   ) 판매 증가

① 장난감

② 육아용품

③ 화장품

④ 분유

-- ◉ ANSWER

9. ③. 중국은 인구 급증을 막기 위해 1가구 1자녀라는 극단적인 산아제한 정책을 펼쳐왔다. 그러나 인구가 고령화되면서 2016년 2자녀까지는 허용하는 것으로 규제를 완화했다. 만약 중국이 추가로 산아제한을 폐지한다면 중국 유아용품 시장이 요동칠 것으로 보인다.

10. ③. 중국의 산아제한 정책이 폐지되면 신생아 수가 급격히 늘어 장난감, 육아용품, 분유 등 영유아 관련 제품의 매출이 크게 증가한다. 2015년 10월 중국의 1자녀 정책이 폐지될 때도 분유와 같은 영유아 관련주가 주목받은 바 있다.

11. 다음 기사를 읽고 괄호 안에 들어갈 수 없는 종목을 고르시오.

NEWS

( )가 중국이 고령화사회에 대비해 출산 정책을 더 완화할 것이라는 전망에 상승세다.

5일 오후 2시 3분 현재 ( )는 전일 대비 580원(23.02%) 오른 3,100원에 거래되고 있다.

앞서 4일(현지 시간) 중국 관영 환구시보에 따르면 최근 공개된 중국의 14차 5개년 경제사회개발계획에서는 13차 계획과는 달리 '가족계획'이라는 표현이 빠지고, 처음으로 출산 정책에서 '포괄성'을 추구하겠다는 내용이 담긴 것으로 알려졌다.

〈이투데이〉, 2020년 11월 5일

① 아가방컴퍼니

② 제로투세븐

③ 헝셩그룹

④ 컬러레이

----

11. ④. 아가방컴퍼니는 유아용 의류와 완구류 등을 제조해 판매하는 기업으로 미국과 중국에 현지 판매 법인과 생산 법인을 보유하고 있다. 매출은 국내 약 94%, 해외 6%로 구성되며 대표 브랜드로는 아가방, 디어베이비, 에뜨와, 퓨토 등이 있다.

제로투세븐은 설립 초기 임신·출산·육아 관련 기업의 고객 관리 서비스업을 했으나 현재는 유아동용품이나 분유통 뚜껑에 사용되는 POE 등의 제조 및 판매업으로 전환했다. 의류 부문으로는 '알로앤루', '알퐁소', 코스메틱 부문으로는 유아동 스킨케어 '궁중비책' 등이 있다. 중국 및 홍콩에 현지 법인을 두고 있다.

헝셩그룹은 완구를 자체 설계해 연구·개발하는 완구 제조업체로 중국 내 영업자회사 '진장헝셩완구유한회사'와 '첸저우 재짓Jazzit 어페럴 유한회사'가 있다. 헝셩그룹의 애니메이션 캐릭터를 바탕으로 자체 브랜드인 재짓을 소유하고 있고 이를 기반으로 아동의류·신발·가방 등을 판매한다.

컬러레이는 3번 문제 해설 참조.

최고 3,310(11/09) →

최저 2,430(10/20) →

차트 12. 아가방컴퍼니는 2020년 11월 5일 중국 산아제한 정책 폐지 완화 전망 뉴스로 장중 29.96%까지 상승했다.

9장

우리의 소원은 평화, 북한

북한과 우리나라는 휴전 상태여서 군사적 문제가 많이 발생한다. 정권에 따라 대북 정책도 판이하게 달라지는데 이때 미국의 태도 역시 우리나라 정책을 좌우한다. 트럼프 정권은 역사상 최초로 김정은 북한 국무위원장을 만나는 등 북한에 호의적이어서 남북 관계 개선 시 추진될 경제협력사업에 대한 기대감도 높았다. 그러나 기대가 크면 실망도 큰 법. 결국 성사된 것 없이 먼 미래를 바라봐야 할 상황이다. 외교 관계가 복잡하게 느껴진다면 일본, 중국, 북한 등 외교 관련주에는 투자하지 않기를 권한다.

1~2. 다음 기사를 읽고 물음에 답하시오.

NEWS

정부가 20일 남북 철도 연결 재추진을 공식화했다. 한미 정상이 이틀 전 통화에서 대북 인도적 지원에 공감대를 형성한 데 이어 정부가 남북 철도 연결 의지를 강조하고 나선 것으로 한미의 연이은 대화 시그널에 북한이 화답할지 주목된다.

통일부는 이날 "23일경 제313차 남북교류협력추진협의회(교추협)를 열어 '동해북부선 강릉~제진 철도건설사업'을 남북교류협력사업으로 인정하는 문제를 논의하고 이를 통해 예비타당성조사(예타) 면제 등 조기 착공 여건을 마련할 계획"이라고 밝혔다. 예비타당성조사는 경제성 등 여러 평가기준을 충족해야 하는데, 남북교류협력사업으로 지정되면 국가재정법에 따라 예타 면제가 가능해 조속한 사업 추진이 가능하다. 교추협은 앞서 주로 서면 협의 방식으로 열렸지만 이번엔 김연철 통일부장관이 직접 대면 회의를 주재하며 사업 추진을 강조할 예정이다.

〈동아일보〉, 2020년 4월 21일

1. 기사를 읽고 주식투자자로 가장 유리한 생각을 한 사람은?

① 동원: 총선에서 압승하더니 바로 북한과 교류 추진에 나서는구나.

② 수연: 맨날 연결한다고 말만 하던데 이번에는 진짜로 가능할까?

③ 현아: 남북 철도 연결 수혜주를 찾아봐야겠다.

④ 상연: 북한 맨날 도발이나 하고… 정말 싫다.

2. 다음은 남북 철도 연결 수혜주를 추론한 것이다. 알맞지 않은 것은?

남북 철도 연결 → 철도 구축 공사 → (   ) 각광

① 철도 건설

② 철도 신호 제어 시스템

③ 열차 제작

④ 항공주

--- ◉ ANSWER

1. ③, 북미 정상회담 이후 탄력을 받는 듯하던 북한과의 교류는 현재 교착상태다. 북한이 비핵화를 하지 않는 이상 유엔UN 제재를 풀어줄 명분이 없기 때문이다. 북한과의 관계 개선을 위해 우리 정부는 다각도의 노력을 했으나 마지막 열쇠를 쥐고 있는 쪽은 북한이다. 북

한과의 교류가 현실화된다면 철도 연결이 그 첫 번째 사업이 될 가능성이 높다. 남한은 유럽까지 뻗어나가는 철도 물류 교통망을 확보하고 북한은 통행료를 통해 외화 수입을 올릴 수 있기 때문이다. 한국전쟁 이전에 구축해둔 남북 연결 철도망이 남아 있다는 점도 장점이다.

2. ④, 철도를 건설하면 철도 건설에 참여하는 업체뿐 아니라 철도 신호 제어 시스템 설비나 열차 제작도 필요하므로 수혜주가 늘어난다.

3. 다음 기사를 읽고 괄호 안에 들어갈 수 없는 종목을 고르시오.

NEWS

정부가 1년 넘게 방치된 남북 철도 연결 사업을 다시 추진한다는 소식에 관련주들이 급등하고 있다.

20일 오전 11시 5분 기준 (   )는 전 거래일보다 25% 오른 6,340원에 거래 중이다. (   )과 (   )도 같은 시간 각각 16.43%, 15.85% 오른 주가를 보이고 있다.

〈아시아경제〉, 2020년 4월 20일

① 대아티아이

② 코웨이

③ 부산산업

④ 푸른기술

3. ②, 철도산업은 사회간접자본soc의 성격이 강해 기간산업으로 이뤄지며 철도 건설과 관련된 건설, 신호통신, 철강, 차량 등의 대단위 투자가 요구된다.

대아티아이는 철도 신호 제어 시스템 개발 및 공급을 목적으로 설립된 회사로 국가철도공단과 한국철도시설공단에 '철도교통관제센터 관제설비 개량구매설치 및 유지보수 용역' 계약을 체결한 바 있다.

부산산업은 레미콘 제조·판매를 목적으로 설립된 회사다. 주 생산품인 레미콘 제품은 시멘트, 모래, 자갈 등 원재료의 제조 공정을 거친 후 레미콘 트럭으로 제한된 시간 내 건설 현장까지 운송해야 하는 지역형 산업의 특성을 지니고 있다. 종속회사인 태명실업은 철도 궤도 시공 현장에 납품하는 콘크리트 침목, 지하철이나 전력구 터널 공사의 기반 시설을 구성하는 세그먼트 등을 생산한다. 현대그룹이 북한과 체결한 '경제협력사업권에 관한 합의서'에 따라 2002년 경의선 연결 합의 이후 진행된 철도 연결 구간에서 현대컨소시엄으로 발주된 침목을 100% 납품한 이력이 있어 철도 관련주로 주목받는다.

푸른기술은 금융 자동화기기(금융&VAN), 역무 자동화기기(철도&지하철) 등의 제조 및 판매를 주요 사업으로 하고 있다. ATM기, 승차권 자동 발매기, 자동 출입 게이트, 각종 단말장비 등의 사업모델을 보유하고 있어 철도 관련주로 주목받는다.

코웨이는 재난 5번 문제 해설 참조.

차트 13. 대아티아이는 2020년 4월 20일 남북 철도 연결 사업 추진 뉴스로 장중 29.33%까지 상승했다.

4. 다음 기사를 읽고 괄호 안에 들어갈 종목을 고르시오.

NEWS

제21대 총선에서 더불어민주당이 압승하자 남북 경제협력 관련주가 강세를 보였다.

16일 오후 3시 기준 코스피에서 남북 경협주인 (　　)는 전 거래일 대비 26.46% 오른 9,800원에 거래되다가 1만 300원 (29.72%)으로 장마감했다. 휴양시설 개발 및 건설, 운영 전문업체인 (　　)는 현재 금강산에 리조트를 보유하고 있다.

〈중앙일보〉, 2020년 4월 16일

① 아난티

② 호텔신라

③ 용평리조트

④ 대명소노시즌

-- ○ ANSWER

4. ①. 아난티는 레저 시설 개발 및 건설·운영·분양 등 관련된 부문 모두를 직접 수행 가능한 기업이다. 금강산 관광특구에 금강산 아난티 골프 앤드 온천 리조트를 건설했으나 북한이 자산 동결 조치를

취해 현재 영업이 잠정 중단됐다. 금강산 관광사업이 재개된다면 레

저사업 분야가 금강산 관광산업 발전에 이용될 수 있다는 기대감이

있어 남북 경협주로 꼽힌다.

차트 14. 아난티는 2020년 4월 16일 제21대 총선에서 더불어민주당의 압승 소식으로 남북 경제
협력 기대감에 상한가를 기록했다.

5~6. 다음 기사를 읽고 물음에 답하시오.

NEWS

최근 소연평도 인근 해상에서 어업지도선을 타고 업무를 보던 도중 실종된 8급 공무원이 월북을 시도하다가 북측 총격으로 피살된 것으로 알려져 파장이 예상된다.

23일 연합뉴스는 해양수산부 산하 목포 소재 서해어업지도관리단 소속의 어업지도선 1등 항해사 A씨가 지난 21일 어업지도선을 타고 업무 수행 중 월북을 목적으로 해상을 표류하다가 실종됐다고 정보당국발로 보도했다. 또한 A씨가 북측으로부터 원거리 총격을 받고 숨졌다고 전했다. A씨 시신은 북측이 수습해 화장한 것으로 추정됐다.

〈서울경제〉, 2020년 9월 23일

5. 기사를 읽고 주식투자자로 가장 유리한 생각을 한 사람은?

① 동원: 남북 관계는 파장이 예상되는군.

② 수연: 총으로 쏴 죽인 다음에 불에 태우다니… 너무 끔찍해.

③ 현아: 남북 관계가 틀어지면 어떤 기업이 수혜일지 찾아봐야겠다.

④ 상연: 월북하는 사람을 쏴 죽였다고? 역시 북한과 잘 지낼 수가 없어.

6. 다음은 북한 도발 수혜주를 추론한 것이다. 알맞은 것은?

북한 도발 → 남북 관계 경색 → (   )

① 남북 경협주

② 식품주

③ 방산주

④ 철강주

ANSWER

5. ③, 북한과의 관계는 큰 사건이 좌우한다. 대표적으로 미사일이나 핵실험 등의 도발이 일어나면 남북 관계는 경색된다. 2020년 9월 우리나라 공무원이 북한군에 의해 사살되는 사건이 벌어졌다. 2008년 금강산 관광특구에서 관광객이 북한군의 총격에 맞아 숨진 박왕자 사건, 2010년 북한 연평도 포격으로 민간인이 사망한 사건에 이은 충격적 사건으로 남북 관계에 또 한 번 찬물을 끼얹었다.

6. ③, 북한이 도발을 하면 늘 방산주가 오른다. 방산이란 '방위산업'을 뜻하는 말로 국가를 방위하는 데 필요한 무기나 장비, 기타 물자를 생산하는 산업이다. 시설 기준과 보안 요건 등을 갖춰 방위사업

청장과 협의한 후 산업통상자원부장관에게 방산업체 지정을 받아야 한다. 방산주는 이와 같은 기업의 주식이나 전쟁 등의 사태에 민감하게 반응하는 종목들을 일컫는다.

7. 다음 중 괄호 안에 들어갈 종목을 알맞게 짝지은 것은?

(A), (B) 등 방위산업 테마주로 분류되는 종목들이 급락 장세에서도 두 자릿수 상승률을 기록하며 급등하고 있다. 연평도 해상에서 실종된 우리 공무원이 북한 총격에 의해 숨졌다는 사실이 확인되며 남북 긴장이 고조되고 있기 때문으로 보인다. 24일 오후 3시 10분 현재 (A)은 전일 대비 29.34% 오른 9,830원에 거래되고 있고 거래량도 8,628만여 주로 전일 총 거래량(294만여 주)의 29배 수준을 기록 중이다. (A)은 전자전 시스템 방향탐지장치, 군용 전원공급장치, 피아 식별장치 등을 만드는 회사다.

특수목적용 차량을 만드는 (B)도 현재 전일 종가 대비 22.54% 올랐다.

〈머니투데이〉, 2020년 9월 24일

① A: 빅텍 B: 스페코

② A: 스페코 B: 빅텍

③ A: 한일단조 B: 빅텍

④ A: 퍼스텍 B: 휴니드

ANSWER

7. ①, 빅텍은 방위사업(전자전 시스템 방향탐지장치, 군용 전원공급장치, 피아 식별장비, 전술정보통신체계$_{TICN}$장치 및 기타 방산제품 등)과 민수사업(공공자전거 무인대여시스템$_{U-BIKE}$ 등)을 영위하고 있다. 전자전 시스템 방향탐지장치는 국방과학연구소와 함께 개발에 착수해 방향탐지장치$_{SONATA}$와 소형전자전장치$_{ACES-I}$ 개발을 완료했다. 방위사업청과 ACES-I 외 물품 구매, LIG넥스원과 후속함 전자전 장비 등의 지속적인 공급 계약을 체결하고 있다.

스페코는 특수목적용 건설기계 제조 및 철구조물 제작·판매업을 목적으로 설립된 기업으로 특수목적용 차량과 함안정기 등을 방산제품으로 독점 공급하고 있다. 참고로 스페코는 풍력사업을 위해 멕시코에 해외 법인을 두고 있는데 풍력타워를 제조해 세계적 풍력발전업체에 공급한다. 이 부문 매출이 전체의 65%를 차지할 정도로 상승하면서 그린뉴딜 관련주로도 강세를 보이고 있다.

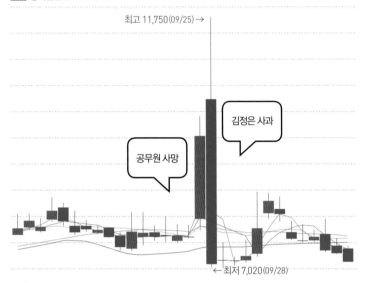

차트 15. 빅텍은 2020년 9월 24일 북한의 공무원 피살 뉴스로 장중 30%까지 급등했다. 다음 날인 9월 25일 김정은의 사과 뉴스로 장중 -26.08%까지 하락했다.

8. 다음 기사를 읽고 주식투자자로 가장 유리한 생각을 한 사람은?

김정은 북한 국무위원장이 25일 서해 소연평도 해상에서 실종된 공무원이 북한에서 총격 살해된 사건과 관련해 우리 측에 공식 사과 입장을 밝혔다.

김 위원장은 이날 청와대 앞으로 보낸 노동당 중앙위원회 통일

전선부 명의의 통지문에서 "가뜩이나 악성 비루스(신종 코로나 바이러스 감염증) 병마의 위협으로 신고하고 있는 남녘 동포들에게 도움은커녕 우리 측 수역에서 뜻밖의 불미스러운 일이 발생했다"고 밝혔다.

김 위원장은 "문재인 대통령과 남녘 동포들에게 커다란 실망감을 더해준 데 대해 대단히 미안하게 생각한다"고 했다.

〈연합뉴스〉, 2020년 9월 25일

① 동원: 북한이 웬일이지? 믿기지가 않네.

② 수연: 북한이 드디어 태도 변화를 보이는 건가?

③ 현아: 이런 사과는 이례적인데 남북 경협주가 좋지 않을까?

④ 상연: 저래 놓고 또 도발하겠지? 북한 정말 싫다.

⊙ ANSWER

8. ③, 앞서 소개한 공무원 피살 사건으로 급속히 냉각됐던 남북 관계는 사건 발생 3일 뒤 김정은 위원장이 유감을 표함으로써 일단락됐다. 이 사과는 북한 지도자로서 상당히 이례적인 태도를 보인 것이라는 평가를 받았다.

9. 다음 기사를 읽고 괄호 안에 들어갈 종목을 알맞지 않게 짝지은 것은?

김정은 북한 국무위원장이 서해 공무원 피격 사건에 대해 공식 사과하면서 남북 경협주와 방산주의 희비가 엇갈리고 있다. 약세를 보였던 남북 경협주가 급등하는 반면, 상승세였던 방산주는 급락하고 있다.

25일 오후 2시 21분 현재 (A)는 전 거래일보다 910원(10.57%) 급등한 9,529원에 거래되고 있다. 이 외에 남북 경협주로 묶이는 (A), (A), (A), (A) 등도 급등세를 나타내고 있다. 반면 같은 시간 방산주인 (B)는 1,940원(19.30%) 급락한 8,110원에 거래되고 있다. 같은 방산주인 (B) 역시 11% 넘는 급락세를 나타내고 있다.

〈한국경제TV〉, 2020년 9월 25일

① A: 아난티 B: 빅텍

② A: 대아티아이 B: 빅텍

③ A: 한창산업 B: 스페코

④ A: 좋은사람들 B: 스페코

9. ③. 한창산업은 아연말 및 인산아연 방청안료, 리튬브로마이드 흡수액 등을 생산하는 기능성 소재 전문기업이다. 신재생 발전 필수 전력 인프라로 꼽히는 에너지저장시스템$_{ESS}$의 핵심 소재 레독스흐름전지$_{RFB}$ 전해액을 생산 중인 것으로 알려지면서 정부의 그린뉴딜 정책에 따른 친환경 에너지주로 주목받고 있다.

좋은사람들은 내의류 제조 및 판매업을 영위하고 있다. 브랜드로 보디가드, 섹시쿠키, 예스, 돈앤돈스, 제임스딘, 리바이스, 퍼스트올로 등이 있다. 개성공단 내 공장이 있어 대표적인 남북 경협주로 분류된다.

대아티아이는 3번 문제, 빅텍·스페코는 7번 문제 해설 참조.

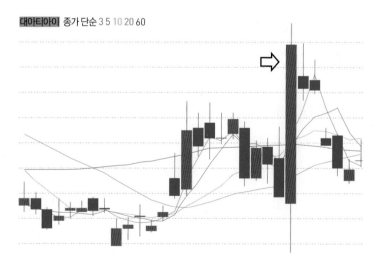

대아티아이 종가 단순 3 5 10 20 60

차트 16. 대아티아이는 2020년 9월 25일 공무원 피살에 대한 김정은의 사과 뉴스로 장중 22.37%까지 상승했다.

화폐냐 거품이냐, 비트코인

한때 암호화폐(컴퓨터 같은 곳에 정보 형태로 남아 실물 없이 사이버상으로만 거래되는 전자화폐의 일종. 가상화폐, 가상통화라고 한다) 투자 광풍을 불러일으켰던 비트코인은 2018년 1월 2,000만 원대를 기록한 뒤 급락을 거듭하다가 코로나19가 한창이던 2020년 11월 다시 2,000만 원 선을 회복했다. 세계 최대 결제기업 페이팔ₚₐᵧₚₐₗ이 비트코인을 통한 결제를 허용하겠다고 밝히면서 게임머니와도 같았던 비트코인의 가치가 다시 주목받기 시작한 것이다. 금처럼 들고 다닐 필요도 없는 데다가 실제로 쓸모가 있다는 점이 투자자들을 자극했다. 이렇게 재조명받은 비트코인의 가치가 이번에는 얼마까지 올라갈지 또 한 번 시장의 관심이 쏠리고 있다. 암호화폐가 뭔지도 모르겠고 비트코인이 올랐다는 말을 들어도 '아 그런가 보다' 하며 나와는 상관없는 이야기라 넘기지 않고 비트코인 관련 기업에 관심을 갖는다면 충분히 투자 대열에 합류할 수 있다.

Quiz. 1~3

1~2. 다음 기사를 읽고 물음에 답하시오.

NEWS

가상화폐 대장주인 비트코인 가격이 4,000만 원대를 돌파하며 사상 최고가를 경신했다.

7일 국내 대표 가상자산 거래소인 '빗썸'에 따르면 이날 오후 1시 40분 기준 비트코인 가격은 전일 같은 시간 대비 9.5% 이상 오른 4,178만 원 선에서 거래 중이다. 지난해 12월 27일 3,000만 원을 넘은지 불과 11일 만에 1,000만 원 이상 오르며 최고가를 다시 썼다.

비트코인 시가총액은 6,881억 달러(약 748조 7,200억 원)에 이르고 있다. 전체 가상자산 시가총액도 하루 만에 10% 이상 늘어나 1조 달러(1,087조 5,000억 원)를 처음으로 넘어섰다.

〈동아일보〉, 2021년 1월 7일

1. 기사를 읽고 주식투자자로 가장 유리한 생각을 한 사람은?

① 동원: 페이팔에서 비트코인을 쓸 수 있게 되니 폭등을 하네.

② 수연: 비트코인 한물간 줄 알았는데… 언제 이렇게 오른 거지?

③ 현아: 비트코인 가격이 오르면 수혜를 입는 기업을 찾아봐야겠다.

④ 상연: 비트코인? 실체도 없는 게 무슨 화폐야, 거품이지.

2. 다음은 비트코인 가격 상승 수혜주를 추론한 것이다. 알맞지 않은 것은?

> 비트코인 가격 상승 → 비트코인 거래소 거래액 증가 → 비트코인 거래소
>
> 수수료 수입 증가 → 비트코인 거래소 가치 상승 → (   )

① 비트코인 거래소 지분 가치 상승

② 비트코인 거래소 지분 가치 하락

③ 블록체인 사업자 가치 상승

④ 보안 기술 사업자 가치 상승

-- ⊙ ANSWER

1. ③, 비트코인 가격은 2018년 2,000만 원이라는 역사적 급등 이후 급락을 거듭하며 사람들의 기억 속에서 잊히는 듯했다. 실제로 사용할 수 있는 곳이 없었기 때문이다. 하지만 2020년 세계 최대 결제업체 페이팔에서 비트코인 결제를 허용하기로 했다는 발표 이후 비트코인 가격은 다시 급등하기 시작했다. 게다가 코로나19로 세계 각국

정부의 경기부양책에 따라 천문학적인 돈이 시중에 풀리면서 비트코인으로의 자금 유입이 가속화됐다.

2. ②. 비트코인 가격이 상승하면 기존 투자자들의 차익실현(매수 가격과 매도 가격 간 차액이 발생해 이익을 얻는 것) 물량과 추가 상승에 올라타려는 매수자가 늘면서 거래소의 비트코인 거래액이 크게 증가한다. 거래소는 거래액의 일정 비율을 수수료로 가져가기 때문에 거래액이 늘수록 수익이 증가한다. 이에 따라 비트코인 거래소를 운영하는 기업의 지분 가치는 상승하게 된다. 또 비트코인이 실생활에서 결제할 때 사용된다면 블록체인(암호화폐 거래 시 해킹을 막는 기술)이나 보안 사업자의 가치도 덩달아 뛰게 될 것이다.

3. 다음 기사를 읽고 괄호 안에 들어갈 수 없는 종목을 고르시오.

NEWS

비트코인 가격이 모처럼 날개를 달면서 가상화폐 관련주도 급등세다.

오늘(6일) 오전 9시 17분 현재 (   )는 전 거래일 대비 2,050원 (15.41%) 치솟은 1만 5,350원에 거래되고 있다. (   )도 같은 시간 270원(10.15%) 오른 2,930원에 거래 중이다.

비트코인 국내 거래가가 1,700만 원을 돌파하면서 관련주에도

영향을 미친 것으로 풀이된다.

〈한국경제TV〉, 2020년 11월 6일

① 우리기술투자

② 비덴트

③ 에이티넘인베스트

④ 대신정보통신

--- ⊙ ANSWER

3. ④, 우리기술투자는 신기술사업 금융업, 시설대여업 및 할부금융업을 주로 하는 기업으로 국내 벤처산업 전반에 꾸준한 투자 활동을 하고 있다. 종속회사 중 우리글로벌 블록체인 투자조합15호는 세계 블록체인기업을 지원하는 펀드로 업비트운영업체 두나무 지분을 8.03% 보유하고 있다.

비덴트는 가상화폐 거래소 빗썸의 대주주인 ㈜빗썸홀딩스 지분의 34.22%와 종속회사인 ㈜빗썸코리아 지분의 10.25%를 갖고 있다.

에이티넘인베스트는 중소기업창업지원법에 의한 창업자와 벤처기업 육성에 관한 특별조치법에 의한 벤처기업 투자 등의 목적으로 설립

됐다. 창업 지원, 투자기업 성장 지원, 국제화 지원 등의 서비스를 하고 있다. 두나무 지분의 7%를 보유한 에이티넘고성장기업투자조합의 지분 11.30%를 보유하고 있다.

대신정보통신은 컴퓨터 시스템 통합 자문 및 구축 서비스업을 하고 있다. 기업 대표가 유승민 전 의원과 미국 위스콘신대학교 동문이라 유승민 관련주로 꼽힌다.

차트 17. 우리기술투자는 2020년 11월 6일 비트코인 가격 상승 뉴스로 장중 28.48%까지 상승했다.

11장

일상 속의 즐거움, 엔터테인먼트

코로나19는 엔터테인먼트산업에 큰 변화를 가져왔다. 대표 주자였던 영화산업이 크게 꺾였고 넷플릭스를 필두로 한 OTT_{Over The Top}(인터넷으로 영화, 드라마 등 각종 영상을 제공하는 서비스) 시장이 활짝 피었다. 가수들은 공연을 하지 못하면서 음원 수입이 중요해졌고 게임산업이 전 세계적인 호황을 맞았다. 이처럼 산업구조가 바뀔 때는 특히 변화에 주목을 해야 한다. 변화를 빨리 알아채고 미리 대응하는 사람은 큰돈을 벌지만 다 바뀌고 나서 '세상 참 좋아졌네' 하는 사람들은 평범하게 살아갈 뿐이다.

1~2. 다음 기사를 읽고 물음에 답하시오.

NEWS

왕의 귀환이다. 그룹 방탄소년단_BTS_이 오는 20일 새 앨범 'BE'
(Deluxe Edition)를 전 세계 동시 발매한다.

방탄소년단은 전작 〈다이너마이트〉로 한국 가수로서는 처음
으로 미국 빌보드 메인 싱글차트 핫100에 오른 바 있다. 이번
앨범 'BE'와 타이틀곡 〈라이프 고즈 온_Life Goes On_〉을 통해 메인
앨범차트 빌보드200과 핫100을 동시 석권할 수 있을지 전 세계
의 이목이 집중되고 있다.

〈이데일리〉, 2020년 11월 15일

1. 기사를 읽고 중 주식투자자로 가장 유리한 생각을 한 사람은?

　① 동원: 올해 앨범 많이 내고 활동 열심히 하네.

　② 수연: 이번엔 빌보드 차트 몇 등 할까?

　③ 현아: 방탄소년단이 컴백하면 수혜를 볼 회사는 어딜까?

　④ 상연: 멤버들 군대 갈 때가 되지 않았나?

2. 방탄소년단의 컴백으로 수혜를 보는 기업은 어디인가?

    ① JYP Ent.

    ② 빅히트

    ③ 에스엠엔터테인먼트

    ④ 와이지엔터테인먼트

⊙ ANSWER

1. ③, 어떤 K-POP 스타가 컴백을 앞두고 있다면 소속사가 어디인지 확인해보는 것이 좋다. 가수 기획사의 경우 예전에는 음원 수입과 공연 수입이 매출의 주를 이뤘지만 코로나19 이후 공연 수입은 급감했다. 따라서 음원 수입이 절대적 수입원이 됐고 해당 사의 매출 또한 여기에 좌우된다. 음원 스트리밍 앱을 통해 음원 순위를 잘 지켜보는 것도 투자에 도움이 된다.

2. ②, 빅히트는 음악 창작, 제작, 판매 및 공연, 출판, 매니지먼트 등 아티스트와 음원을 활용하는 엔터테인먼트 콘텐츠기업으로 아티스트를 육성하며 음악 기반 라이프스타일 콘텐츠를 제작·서비스하고 있다. 아티스트 발굴 육성 및 음악 제작을 담당하는 레이블 조직과 아티스트로부터 창출된 지적재산$_{IP}$의 사업화를 담당하는 도메인 조직으로 사업이 이원화돼 있다.

대표 아티스트인 방탄소년단은 한국 가수로는 최초로 빌보드 싱글 차트 1위를 차지하며 전 세계적으로 명성을 떨치고 있다. 빌보드 차트는 미국의 공신력 있는 대중음악 순위 차트로 미국뿐 아니라 전 세계 각국 대중음악의 흐름을 알려주는 글로벌 차트 중 하나다. 이와 더불어 최고 권위를 자랑하는 그래미 어워드 후보로 선정되기도 했다.

3~4. 다음 기사를 읽고 물음에 답하시오.

NEWS

내년 방송되는 드라마 〈지리산〉의 등반이 시작됐다.

오는 2021년 첫 방송을 앞두고 있는 tvN 새 드라마 〈지리산〉 (극본: 김은희 연출: 이응복 제작: 에이스토리, 스튜디오드래곤, 바람픽쳐스)은 광활한 지리산의 비경을 배경으로 산을 오르는 사람들의 이야기를 담아내는 미스터리물이다.

〈킹덤〉 시리즈, 〈시그널〉을 집필한 김은희 작가, 〈미스터 션샤인〉, 〈도깨비〉 등을 연출한 이응복 감독 그리고 배우 전지현, 주지훈, 성동일, 오정세 등 유일무이한 라인업으로 제작 과정에서부터 화제를 모으고 있는 가운데, 29일(목) 남원시에서 첫 오픈 세트 촬영을 앞두고 제작진과 출연진이 함께 안전을 기원하는 고사를 지냈다.

〈KBS미디어〉, 2020년 10월 30일

3. 기사를 읽고 주식투자자로 가장 유리한 생각을 한 사람은?

① 동원: 전지현, 주지훈에 김은희 작가라니! 믿고 보는 꿀조합이군.

② 수연: 와 재밌겠다! 언제쯤 볼 수 있을까?

③ 현아: 제작사가 어딘지 찾아봐야겠다.

④ 상연: 〈킹덤 3〉나 만들어주지….

4. 드라마 〈지리산〉이 흥행하면 수혜를 보는 기업은?

① 삼화네트웍스

② 팬엔터테인먼트

③ 에이스토리

④ 초록뱀

⊙ ANSWER

3. ③, 드라마 제작 발표 관련 기사가 보도됐을 때 출연 배우나 작가가 대중의 기대감을 불러일으킬 만한 라인업이라면 제작사를 눈여겨

보자. 최근에는 넷플릭스의 영향력이 막강해지면서 작품이 넷플릭스에 공개돼 해외로 진출하느냐도 중요 포인트가 됐다.

4. ③, 에이스토리는 넷플릭스 오리지널 시리즈 〈킹덤〉으로 유명한 드라마 제작사다.

5~6. 다음 기사를 보고 물음에 답하시오.

NEWS

추석 연휴와 함께 영화 〈담보〉와 〈삼진그룹 영어토익반〉의 선전으로 10월 한국 영화 관객 수가 전월 대비 상승했다.

영화진흥위원회가 13일 공개한 10월 한국 영화산업 결산 발표에 따르면 10월 한국 영화 관객 수는 전월 대비 162%(220만명) 증가한 356만 명을 기록했다. 전년 대비로는 47.6%(324만명) 감소했다.

〈뉴시스〉, 2020년 11월 13일

5. 기사를 읽고 주식투자자로 가장 유리한 생각을 한 사람은?

① 동원: 영화 관객 수가 그래도 점점 회복세구나.

② 수연: 요새 누가 극장에서 영화 보나 했는데 그래도 꽤 보네.

③ 현아: 극장 관객 수가 늘면 수혜를 보는 기업은 어딜까?

④ 상연: 코로나를 떠나서 요새 진짜 볼 게 없던데….

6. 극장 관객 수가 늘면 수혜를 보는 기업이 아닌 것은?

① CJ CGV

② 쇼박스

③ NEW

④ 라이브플렉스

--- ⊙ ANSWER

5. ③. 코로나19 대유행으로 인해 타격을 크게 입은 업종 중 하나가 바로 극장이다. 국내 영화시장의 2020년 3분기 누적 관객 수는 4,986만 명으로 전년 대비 70.8% 감소했고 누적 상영매출액은 4,243억 원으로 전년 대비 70.7% 감소했다. 사회적 거리두기 캠페인을 비롯해 국내 영화뿐만 아니라 할리우드 대작의 개봉도 줄줄이 연기됐기 때문이다. 관객이 없어도 임대료는 그대로 나가기 때문에 극장이 받는 타격은 극심하다.

6. ④. 코로나19 팬데믹 이후 관객 감소, 신작 개봉 연기 등 악순환이 고착화되고 상업영화들의 OTT 공개가 잇따르면서 극장 중심 영화 산업구조의 재편이 빨라지고 있다. OTT 공개로 선회하면 큰 수익을 낼 수 없다는 단점이 있지만 영화 관계사들은 빠르게 극장과 넷플릭스, 왓챠 등 OTT와의 공존을 받아들이는 분위기다.

CJ CGV는 고품질 멀티플렉스 극장을 국내에 최초로 보급했으며 영화 상영업계 시장점유율 1위의 타이틀을 유지하고 있다.

쇼박스는 영화 제작과 투자·배급업을 목적으로 설립된 회사로 2007년 메가박스를 매각한 이후 영화 콘텐츠사업에 역량을 집중하고 있다. 영화 〈남산의 부장들〉, 〈국제수사〉 등을 제작했고 극장이 수익 감소하자 사업 영역을 드라마로 넓혀 〈이태원 클라쓰〉를 제작해 성공시키기도 했다.

NEW는 영화 투자·배급과 영화관사업을 비롯해 음원 투자 및 유통업, 영상 콘텐츠 부가판권 유통업, 방송프로그램 제작업 등 8개 사업모델을 보유한 콘텐츠미디어그룹이다. 〈연평해전〉, 〈변호인〉, 〈부산행〉, 〈7번방의 선물〉, 〈신세계〉 등이 흥행에 성공했다.

라이브플렉스는 자회사인 중국 텐트 제조 공장에서 생산한 레저 및 기능성 텐트를 일본, 북미, 유럽 등 세계 바이어에게 수출하는 텐트 사업을 하고 있다. 코로나19로 해외여행이 불가능해지자 캠핑족이 늘어나면서 캠핑 관련주로 주목받는다.

7~8. **다음 기사를 읽고 물음에 답하시오.**

게임업계가 신작을 연달아 내놓는다. 신종 코로나 바이러스 감염증(코로나19)으로 게임 이용 시간이나 관련 매출이 높아진 가운데, 최대 성수기로 꼽히는 연말 승부수를 띄우겠다는 것이다. 강세를 보이고 있는 모바일뿐 아니라, PC, 콘솔 등 플랫폼을 다양화하고, 장르 역시 다채로워 게이머의 구미를 당기고 있다. 연말 게임 대전의 첫 스타트는 (A   )이 쏘아 올린다. 모바일 수집형 MMORPG 〈세븐나이츠2〉다.

(B   )는 인기작 〈미르의 전설2〉의 세계관을 물려받은 모바일 MMOPRG 〈미르4〉의 사전 테스트를 마치고, 출시일을 조율 중에 있다.

(C   )는 자회사 앤트리브소프트가 보유한 트릭스터 IP를 활용해 개발 중인 모바일 MMORPG 〈트릭스터M〉을 올해 안에 선보일 계획이다. 지난달 28일부터 시작된 사전예약에 200만 명 이상이 모였다.

이 밖에 〈배틀그라운드〉로 유명한 (D   )도 신작 MMOPRG 〈엘리온〉을 다음 달 12일 공개한다.

〈조선비즈〉, 2020년 11월 10일

7. 기사를 읽고 주식투자자로 가장 유리한 생각을 한 사람은?

① 동원: 코로나19로 집에 있는 시간이 늘어나니 게임이 마구 나오는 구나.

② 수연: 와 다 재밌겠네! 뭐부터 해보지?

③ 현아: 각 게임의 제작사와 배급사를 파악해봐야겠다.

④ 상연: 무과금 유저는 맨날 찬밥 신세지….

8. 기사를 읽고 괄호 안에 들어갈 종목을 알맞게 짝지은 것은?

① A: 엔씨소프트 B: 넷마블 C: 위메이드 D: 크래프톤

② A: 넷마블 B: 위메이드 C: 엔씨소프트 D: 크래프톤

③ A: 위메이드 B: 엔씨소프트 C: 크래프톤 D: 넷마블

④ A: 크래프톤 B: 넷마블 C: 위메이드 D: 엔씨소프트

--- ◉ ANSWER

7. ③, 코로나19로 사람들이 집에 머무는 시간이 늘어나면서 게임사들이 신작 게임을 앞다퉈 출시하고 있다. 특히 2020년에는 플레이스테이션 5와 엑스박스 시리즈 X 출시까지 더해져 모바일, PC뿐만 아니라 콘솔게임까지 전 세계 게이머들의 선택지가 넓어졌다. 우리나라 게임사들도 이 같은 환경 변화에 발맞춰 열심히 움직이고 있다.

8. ②, 넷마블은 모바일게임 개발 및 퍼블리싱을, 넷마블㈜는 게임 개발 자회사가 개발하는 게임 등의 퍼블리싱을 전문적으로 진행하고 있다. 주요 라인업으로는 〈모두의 마블〉, 〈세븐나이츠〉, 〈리니지2 레볼루션〉, 〈일곱개의 대죄: GRAND CROSS〉, 〈마구마구2020〉 등이 있으며 신작 〈세븐나이츠2〉는 출시 후 6시간 만에 국내 애플 앱스토어 1위, 3일 만에 구글 플레이스토어 매출 순위 2위에 오르는 등 국내 앱 마켓 최상위권을 유지 중이다.

위메이드는 온라인·모바일게임 개발과 유통, 판매를 주요 사업으로 하며 IP 활용사업도 진행하고 있다. 주요 라인업으로 〈미르의 전설2〉, 〈미르의 전설3〉, 〈이카루스〉, 〈윈드러너〉 등이 있다. 최근 개발작인 〈미르4〉 사전 예약자는 2020년 11월 9일 기준 250만 명을 돌파했고 25일 정식 출시돼 현재 300만 명의 이용자를 보유하고 있다.

엔씨소프트는 온라인·모바일게임 소프트웨어를 개발·공급한다. 라인업으로 PC게임 〈리니지〉, 〈리니지2〉, 모바일게임 〈리니지M〉, 〈리니지2M〉 등이 있다. 이르면 2021년 1월 출시될 것으로 추정되는 〈트릭스터M〉은 자회사 엔트리브소프트가 개발 중으로 11월 말 기준 사전 예약자 300만 명을 돌파하며 흥행 기대감을 높이고 있다.

IPO 대어라 불리는 크래프톤은 신작 〈엘리온〉을 2020년 12월 10일 출시했다. 〈엘리온〉은 퍼블리싱을 맡은 카카오게임즈가 상장 후 내놓는 첫 대작 게임이다.

12장

작년에 왔던 계절주, 죽지도 않고 또 왔네

여름에는 덥고 겨울에는 춥다. 이렇게 '사람은 누구나 죽는다' 처럼 당연하게 느껴지는 일로도 돈을 벌 수 있을까? 당연히 있다. 여름에 덥고 겨울에 추운 것은 매년 똑같지만 더위와 추위에 대처하는 인간의 자세는 매년 발전하기 때문이다. 몇 년 전까지만 해도 본 적 없던 손풍기가 인기를 끌고 창문형 에어컨이 출시되는 등 계절에 맞는 기술의 진보는 꾸준히 이뤄지고 있다. 뿐만 아니라 코로나19로 '차박'과 캠핑이 인기를 끌면서 겨울용품으로 난로의 수요가 증가하는 것처럼 계절과 관련된 유행도 계속해서 바뀌기 마련이다.

여름에는 덥고 겨울에는 추운 것이 누군가에게는 당연한 자연의 섭리지만 이 책을 읽은 독자라면 그 당연한 현상도 예사롭지 않게 봐야 한다. 이것이 바로 '주식적 사고'이며 이를 갖춘 사람에게는 온 세상이 돈을 벌 기회로 보일 것이다.

1~2. 다음 기사를 읽고 물음에 답하시오.

장마가 물러나면서 폭염이 찾아온다.

기상청은 54일째 이어진 역대 최장기간 중부지방 장마가 끝나고 무더위가 시작된다고 16일 밝혔다.

현재 전국 대부분 지역에 폭염특보가 발효된 가운데 다음 주까지 충청도, 강원 동해안, 남부지방과 제주도 북부는 낮 기온이 35도 내외, 그 밖의 서울·경기도와 강원 영서는 33도 이상으로 오르는 곳이 많겠다.

〈조선비즈〉, 2020년 8월 16일

1. 기사를 읽고 주식투자자로 가장 유리한 생각을 한 사람은?

① 동원: 이제 본격적으로 더위가 시작되는구나.

② 수연: 벌써부터 얼마나 더울지 걱정되네.

③ 현아: 더위가 찾아오면 수혜를 입는 기업을 찾아봐야겠다.

④ 상연: 열대야면 잠도 제대로 못 자겠네. 회사 가야 하는데….

2. 다음은 폭염 수혜주를 추론한 것이다. 가장 직접적이지 않은 것은?

> 폭염 → (　　　) 판매량 증가

① 에어컨

② 선풍기

③ 아이스크림

④ 자동차

● ANSWER

1. ③, 더위는 매년 찾아오지만 태풍 발생 개수와 경로, 장마 기간에 따라 여름용품의 판매는 판이한 양상을 보인다. 당연히 폭염 관련주들도 해마다 날씨에 따라 천차만별로 반응한다. 손풍기, 창문형 에어컨처럼 이전에는 없던 새로운 용품이 개발되거나 유행을 타는 경우는 특히 주의 깊게 봐야 한다.

2. ④, 여름에 더우면 자동차 판매가 늘어난다는 것은 논리적으로는 말이 되지만 그보다 더 직접적인 것들이 많기 때문에 이렇게 관계가 먼 것을 굳이 찾을 필요는 없다.

3. 다음 기사를 읽고 괄호 안에 들어갈 종목으로 가장 거리가 먼 것을 고르시오.

여름철이 다가오면서 에어컨·선풍기 관련 업체들이 상승세를 나타내고 있다.

마켓포인트에 따르면 28일 오전 9시 53분 현재 (   )는 16.35% 오른 1만 1,100원을 기록 중이다. (   )과 (   ), (   ), (   ) 등도 상승 중이다.

이들 주식이 상승한 것은 무더운 여름철이 시작되면 매출 확대에 따른 수혜주로 부각되고 있기 때문으로 풀이된다.

〈이데일리〉, 2019년 5월 28일

① 삼성전자

② 파세코

③ 신일전자

④ 위닉스

○ ANSWER

3. ①, 삼성전자도 에어컨을 만들기는 하지만 삼성전자 전체 매출에

서 에어컨이 차지하는 비중은 미미하다. 반면 다른 세 기업은 전체 매출에서 에어컨, 선풍기가 차지하는 비중이 삼성전자보다 훨씬 크기 때문에 폭염이라는 이슈에 더 민감하게 반응한다.

파세코는 석유스토브 수출 및 가정용 가전제품 제조·판매를 주요 사업으로 하고 있다. 심지식 석유난로와 산업용 열풍기를 세계 30여 개국에 수출하며 캠핑기기, 창문형 에어컨, 모스클린 등 다양한 제품을 생산해 판매하고 있다. 특히 창문형 에어컨 원조 브랜드로서 에너지소비효율 1등급을 이유로 소비자들의 폭발적인 호응을 얻으며 1만 대 판매 기록을 세웠다.

신일전자는 종합 가전 생산·판매업체로 주요 제품인 선풍기가 매출의 69.5%, 제습기 등 하절기 가전이 9.9%, 난방제품이 2.7%를 차지하고 있다. 한국품질만족지수 선풍기 부문에서 15년 연속 1위에 선정됐고 2015년에는 에어서큘레이터를 첫 출시했으며 2019년 국내 홈쇼핑사 판매점유율 1위를 기록했다.

위닉스는 생활 가전 브랜드로 공기청정기, 제습기, 건조기 등 생활 가전제품과 열교환기의 제조·판매업 등을 하고 있다. 공기청정기, 제습기, 냉온정수기 등이 매출의 66.43%를 차지하고 있으며 특히 제습기업계에서 국내 판매 1위를 기록하고 있다.

파세코 종가 단순 3 5 10 20 60

최고 12,650(06/07) →

최저 5,840(05/10) →

차트 18. 파세코는 2019년 5월 28일 여름이 다가온다는 뉴스에 장중 27.88%까지 상승했다.

4~5. 다음 뉴스를 보고 물음에 답하시오.

NEWS

내일 출근길에는 때 이른 추위가 절정을 보이겠습니다. 곳곳이

영하권으로 떨어집니다. 오늘보다 10도가량 기온이 내려가는

경기와 강원, 충청과 경북에서는 오늘 밤부터 한파주의보가 발

효되겠습니다. 내일 서울의 아침 기온 영하 1도지만, 체감온도

는 영하 5도까지 떨어지겠고요. 그 밖의 대관령과 제천은 영하

6도, 체감 추위는 영하 12도 안팎까지 곤두박질치겠습니다. 내륙에서는 서리가 내리고 얼음이 어는 곳이 있겠습니다.

<MBN>, 2020년 11월 8일

4. 뉴스를 보고 주식투자자로 가장 유리한 생각을 한 사람은?

① 동원: 아직 11월 초인데 벌써 영하라니 상당히 빠르군.

② 수연: 코트 입기 시작한 지 얼마 안 됐는데 패딩을 꺼내야겠네.

③ 현아: 한파가 빨리 찾아오면 수혜를 입을 종목을 찾아봐야겠다.

④ 상연: 아, 아침에 일어나기 싫어… 이불 속이 제일 좋아….

5. 다음은 한파 수혜주를 추론한 것이다. 알맞지 않은 것은?

한파 → ( ) 증가

① 난방용품 판매량

② 호빵 판매량

③ 가스 사용량

④ 쓰레기 발생량

4. ③, 겨울이 되면 추운 건 당연한 이치지만 첫 한파가 얼마나 빨리 찾아오는가는 중요한 변수다. 그해 겨울이 결국엔 별로 춥지 않더라도 이는 겨울이 다 지나가야 알 수 있는 것이기 때문에 일단 첫 한파가 빨리 찾아오면 사람들은 이번 겨울이 추울 것이라고 생각한다. 추위에 대한 불안감이 높아지면 관련 용품을 구매하는 시기도 빨라지므로 겨울철 일기예보도 눈여겨볼 필요가 있다.

5. ④, 한파가 오면 난로, 온열기 등 난방용품의 매출이 오른다. 식품 쪽에서는 호빵이 전통적으로 겨울 식품 강자다. 밖이 춥다 보니 난방을 하기 위해 자연스럽게 가스 사용량도 증가한다.

6. 다음 기사를 읽고 괄호 안에 들어갈 종목을 알맞게 짝지은 것은?

NEWS

예년보다 빠른 추위가 찾아오면서 겨울 식품, 난방기기 등 한파 관련주가 강세다. 한파 관련주는 날씨가 추워지기 시작하면 오르는 경향이 있다.

20일 (A)은 7.21% 오른 6만 6,900원에 거래를 마쳤다.

(A)은 '삼립호빵'으로 유명한 업체다. 호빵은 겨울에 매출이 집중적으로 일어난다.

난방 관련주인 (B)와 (C)도 상승세다. (B)와 (C)는 이달 들어 각각 22.71%, 9.70% 뛰었다. 겨울철 난방 수요에 따른 실적 개선 기대가 커지고 있는 영향이다.

난방제품에서는 (D)가 대표적이다. 이날 1.62% 올랐다. 북미와 중동에 석유스토브를 주문자상표부착생산$_{OEM}$으로 납품한다. 미국 월마트에서도 이 회사 제품이 팔린다. 석유스토브가 전체 매출의 26%를 차지한다. 지난해에만 409억 원어치를 수출했다.

〈한국경제〉, 2020년 10월 20일

① A: SPC삼립 B: 한국가스공사 C: 지역난방공사 D: 신일전자

② A: SPC삼립 B: 한국가스공사 C: 지역난방공사 D: 파세코

③ A: CJ제일제당 B: 한국가스공사 C: 지역난방공사 D: 파세코

④ A: 풀무원 B: 한국가스공사 C: 지역난방공사 D: 신일전자

ANSWER

6. ②, SPC삼립은 제과 및 식품 판매·유통 사업을 영위하는 회사로 베이커리, 푸드, 유통, 기타의 4가지 부문 사업으로 구성돼 있다. 베

이커리 핵심 역량을 기반으로 냉장 제빵·디저트류와 같은 다양한 RTE_{Ready To Eat} 제품을 출시한다. 프랜차이즈 브랜드로 파리바게뜨, 파리크라상, 파스쿠찌, 잠바주스, 패션5 등이 있다.

한국가스공사는 천연가스 도입 및 판매 기업이다. 해외 천연가스 생산지에서 LNG를 도입해 전국 배관망과 탱크로리를 통해 국내 발전사 및 도시가스사에 공급한다.

지역난방공사는 일정 지역 내에 있는 주택, 상가 등 각종 건물을 대상으로 난방용, 급탕용, 냉방용 열 또는 열과 전기를 공급하는 지역난방사업, 지역냉방사업, 전력사업, 신·재생에너지사업 및 구역형 집

차트 19. SPC삼립은 2020년 10월 20일 예년보다 빠른 추위 소식으로 7.21%까지 상승했다.

단에너지사업 등을 영위하고 있다. 파주시에서 화성시까지 국내 최대 수도권 열수송관 네트워크가 구성돼 있어 효율적 열생산이 가능하다는 점이 강점이다.

파세코는 2번 문제 해설 참조.

7. **다음 기사를 읽고 괄호 안에 들어갈 종목을 고르시오.**

NEWS

예년보다 '긴 장마'에 곳곳이 피해를 입는 상황에서도 증시의 관련 종목들은 수혜를 보고 있다. 제습기 생산업체와 폐기물 관련 주식의 때 아닌 상승세가 이어졌다.

4일 기상청에 따르면 서울·경기 등 중부지방에선 지난 6월 24일부터 이날까지 42일째 장마가 계속되고 있다. 기상관측이 시작된 1973년 이후 네 번째로 긴 기간이다.

장마가 길어지자 제습기는 가정 필수품이 됐다. 제습기업계 1위 (   )는 6월 초부터 초부터 7월 15일까지 제습기 판매량이 전년 동기보다 80% 증가했다.

이날 (   ) 주가는 전날과 같은 2만 650원에 거래를 마감했다. 전날인 3일 주가는 전 거래일 대비 1,550원(8.12%) 급등했다.

주가는 본격적인 장마가 시작된 7월 들어 7.27% 상승했다.

〈데일리한국〉, 2020년 8월 4일

① 써니전자

② 아남전자

③ 위닉스

④ 파세코

○ ANSWER

7. ③, 장마가 길어지면 제습기 판매량이 급증한다. 2020년 전국 각 지에 집중호우가 계속되면서 역대 최장기간 장마가 예보되자 제습기를 찾는 소비자들이 많아졌다.

위닉스의 제습기는 2019년 6월 같은 기간 대비 판매량이 200% 증가하면서 2020년까지 제습기 시장에서 판매 1위를 기록했다.

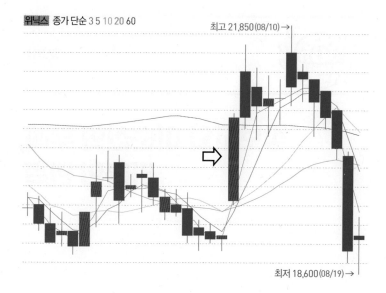

위닉스 종가 단순 3 5 10 20 60

최고 21,850(08/10)→

최저 18,600(08/19)→

차트 20. 위닉스는 2020년 8월 4일 장마 뉴스로 장중 8.38%까지 상승했다.

13장

장보고와 이순신의 후예, 바다의 민족

'한국은 삼면이 바다로 둘러싸여 있어 예로부터…'로 시작하는 문장을 학창 시절 많이 들어봤을 것이다. 그때는 그저 시험을 잘 보기 위해 암기한 지식이라면 이제는 돈을 벌기 위해 활용해보는 게 어떨까? 삼면이 바다로 둘러싸여 있다는 것은 그만큼 항구가 많다는 뜻이고 곧 해운업이 발달할 수밖에 없다는 뜻이다. 이것이 바로 한국이 세계적인 조선 강국이 된 원동력이기도 하다. 해운업계는 2017년 국적선사 중 하나인 한진해운이 파산하면서 위기에 빠지기도 했지만 2020년에는 반전의 반전을 거듭했다. 코로나19 여파로 금융위기를 겪을 것이라는 우려를 뒤엎고 예기치 못한 해상 운임 상승으로 역대 최대 실적을 갱신한 것이다.

최근에는 11개 국적선사 중 HMM(옛 현대상선), SM상선, 장금상선, 팬오션, 흥아라인 등 5개 국적선사가 한국형 해운동맹(K-얼라이언스) 구성을 위한 기본합의서를 체결하며 동남아 항로 중심의 동맹 활동에 나서기로 하는 등 다양한 활로를 개척하고 있다. 해상 운임이 계속 오른다면 어떻게 될까? 보낼 물건은 넘쳐나는데 배가 없다면 수혜를 보는 곳은 어딜까? 이렇게 생각하다 보면 어느새 해운주 투자계의 장보고가 돼 있을지도 모른다.

1~2. 다음 기사를 읽고 물음에 답하시오.

NEWS

해상 운임의 바로미터인 상하이컨테이너운임지수_{SCFI}가 매주
사상 최고치를 경신하고 있다. 13일 해운업계에 따르면 해상
운송 항로의 운임 수준을 나타내는 SCFI는 이날 1857.33을 기
록하며 일주일 전 대비 192.77포인트 올랐다.

SCFI가 2009년 10월 집계를 시작한 이래 최고 수치다.

〈연합뉴스〉, 2020년 11월 13일

1. 기사를 읽고 주식투자자로 가장 유리한 생각을 한 사람은?

① 동원: 국제 물동량이 늘면서 해상 운임이 급등하고 있구나.

② 수연: 해외직구 하면 배송비가 비싸지겠네.

③ 현아: 해상 운임이 오르면 수혜를 받는 종목을 찾아봐야겠다.

④ 상연: 코로나19 때문에 경기가 안 좋다더니 다 거짓말이네.

2. 다음은 해상 운임 상승에 따른 수혜주를 추론한 것이다. 알맞은 것은?

> 해상 운임 상승 → (   ) 매출 상승

① 항공주

② 해운주

③ 제지주

④ 철강주

⊙ ANSWER

1. ③, 국제 해상운송 수단 가운데 가장 많은 비중을 차지하는 것이 컨테이너선이다. 컨테이너선의 운임을 지수로 나타낸 것이 SCFI인데 SCFI가 오른다는 것은 그만큼 컨테이너선 운송료가 비싸짐을 뜻한다.

2. ②, 요금 인상이 주가에 미치는 영향은 상황에 따라 다르다. 코로나19로 영화 관람객이 급감한 탓에 먹고살기 위해 영화 관람료를 인상하는 경우는 관련 종목 주가에 안 좋은 영향을 끼친다. 반면 해운업처럼 물동량이 폭증하고 배를 구하기 힘든 상황에서 운임을 올리는 것은 해운사에 대형 호재다.

3. 다음 기사를 읽고 괄호 안에 들어갈 수 없는 종목을 고르시오.

NEWS

코로나19 사태로 피해가 컸던 해운주가 국제 해상 운임 상승 소식에 일제히 강세를 보이고 있다.

12일 오전 10시 3분 현재 (　　)은 전날보다 23.72%(555원) 오른 2,895원에 거래되고 있다. 이달 9일 상한가를 기록한 이후 사흘 만에 또 한 번 20%가 넘는 상승세를 보이고 있다. 올해 저점(1,045원) 대비 3배에 가까운 올해 최고가다.

같은 시간 (　　)은 13.08%(1,700원) 오른 1만 4,700원을 기록 중이다. 이달 2일 이후 9거래일 연속 상승세를 기록하며 또 한 번 52주 신고가를 갈아치웠다. (　　), (　　) 등도 각각 12.54%, 7.80% 상승하고 있다.

〈머니투데이〉, 2020년 11월 12일

① HMM

② 대한해운

③ CJ

④ 팬오션

3. ③, HMM은 컨테이너 운송, 벌크화물 운송을 주요 사업으로 하는 종합 해운물류기업이다. 유조선 3척 운항을 시작으로 컨테이너선, 벌크선, 광탄선, 중량화물선, 특수제품선 등 신사업에 적극 진출하고 있다.

대한해운은 에너지·자원 전문 수송선사로 철광석, 천연가스, 원유 등의 원재료를 선박으로 운송하는 해상 화물운송 및 해운 대리점업을 하고 있다. 주요 매출원은 벌크선과 LNG선이며 포스코, 한국가스공사, 한국전력 등과 장기 해상운송계약을 체결하고 있다.

차트 21. 대한해운은 2020년 11월 12일 국제 해상 운임 상승 소식에 상한가를 기록했다.

팬오션은 해운업과 곡물사업, 운항 지원, 해운시장 정보 제공, 화물 클레임 처리 등 해운업 관련 사업과 선박관리업 등의 기타 사업을 영위하고 있다. 포스코, 현대제철 등이 주요 매출처다.

CJ는 2007년 투자사업과 제조사업을 인적분할(기존 회사 주주들이 지분율대로 신설 법인의 주식을 나눠 갖는 기업 분할 방식)해 2020년 9월 기준 CJ제일제당, CJ이엔엠 등 8개 자회사의 지분을 보유하고 있다. 계열사는 국내 기준 총 78개사가 있다.

4. 다음 기사를 읽고 괄호 안에 들어갈 수 없는 종목을 고르시오.

NEWS

국제 해상 운임이 사상 최고치를 경신하면서 조선주 주가도 강세를 보이고 있다.

9일 오전 10시 13분 현재 (   )은 전 거래일보다 2,350원 (7.69%) 오른 3만 2,900원에 거래되고 있다. (   )(7.36%), (   )(5.31%) 등도 전 거래일에 비해 강세를 보이고 있다.

〈서울경제〉, 2020년 11월 9일

① 현대미포조선

② 한국조선해양

③ 대우조선해양

④ 한진

-- ○ ANSWER

4. ④. 현대미포조선은 중형선박 건조 부문에서 세계 수준 업체로 석유화학제품 운반선, 중형 컨테이너 운반선 등을 중심으로 LPG·에틸렌 운반선 등 고부가 특수 선박시장에도 진출해 있다.

한국조선해양은 지주회사로 주요 종속회사로는 현대중공업, 현대삼호중공업, 현대미포조선 등이 있다. 매출의 약 84퍼센트를 조선 부문이 차지하고 있다.

대우조선해양은 종합 조선·해양 전문회사로 선박·해양사업, 건설사업, 기타 사업(에너지, 식품, 풍력, 서비스, 해상 화물운송 등)으로 구성돼 있다. LNG 운반선, 유조선, 컨테이너선, LPG선 등 각종 선박과 해양제품, 특수선을 건조한다. 종속회사 사업으로 선박블럭 및 부품 제작, 컴퓨터 통합자문 및 시스템 구축, 육상 플랜트 건조 지원, 해상 화물운송사업 등을 영위하고 있다.

한진은 현재 육상운송 및 항만하역, 해운, 택배 등을 주요 사업으로 두고 있다. 매출 구성은 택배사업이 45.27%, 기타 사업 24.9%, 하역사업 16.13%, 육운사업 14.9%, 해운사업 1.39% 등으로 이뤄져 있다.

최고 49,800(11/26) →

← 최저 27,600(10/20)

차트 22. 현대미포조선은 2020년 11월 9일 국제 해상 운임 사상 최고치 경신 뉴스에 장중 15.22%까지 상승했다.

14장

동물도 아프다, 가축 전염병

코로나19 대유행으로 관심이 줄어들긴 했지만 조류인플루엔자$_{AI}$와 구제역, 아프리카돼지열병$_{ASF}$ 등 가축 전염병도 여전히 계속되고 있다. 특히 1년 만에 재발생한 아프리카돼지열병은 '돼지 흑사병'으로도 불리는데 사람이나 다른 동물에게 감염되지는 않지만 백신이나 치료제가 없어 치사율이 거의 100%에 이른다고 한다. 가축 전염병이 발생하면 고기 가격이 오르는 등 물가가 상승하고 관련 주식 시세도 강하진 않지만 영향을 받는다. 매년 반복되는 가축 전염병 관련 이슈를 알아두면 도움이 될 것이다.

1~2. 다음 기사를 읽고 물음에 답하시오

NEWS

강원도 화천의 한 양돈 농가에서 아프리카돼지열병이 발생했다. 1년 만에 사육돼지에서 아프리카돼지열병이 발생하면서 가축방역당국과 양돈 농가에 비상이 걸렸다.

강원도방역당국은 지난 8일 철원군에 있는 도축장을 예찰하던 중 화천군 상서면의 한 농장에서 출하된 어미돼지 8마리 가운데 3마리가 폐사해 정밀검사를 의뢰한 결과 아프리카돼지열병으로 확진됐다고 9일 밝혔다.

〈한겨레〉, 2020년 10월 9일

1. 기사를 읽고 주식투자자로 가장 유리한 생각을 한 사람은?

① 동원: 질병이란 아무리 막으려고 해도 한계가 있구나.

② 수연: 돼지들 또 살처분되겠네… 불쌍해.

③ 현아: 작년에 올랐던 종목을 찾아봐야겠다.

④ 상연: 1년 동안 없다가 이제 와서 갑자기 생기다니 수상한데.

2. 다음은 수혜주를 추론한 것이다. 알맞지 않은 것은?

아프리카돼지열병 발생 → (   ) 관련주 상승

① 동물 백신

② 방역 소독

③ 대체 식품

④ 자동차

-- ⊙ **ANSWER**

1. ③, 2019년 아프리카돼지열병이 처음 발병했을 당시 동물 백신 생산기업 등 관련주들이 크게 상승했다. 잠잠하던 전염병이 다시 발생했을 때는 과거 관련주를 찾아보면 도움이 된다. 이 책을 통해서도 그 정보를 얻을 수 있다.

2. ④, 아프리카돼지열병은 정확한 치료제나 백신은 없다고 알려져 있지만 일단 전염병이 발생하면 백신 생산기업의 주가는 상승한다. 또 전염병에 감염된 가축을 살처분한 후 인근 농장에 대한 방역을 강화함에 따라 소독제 생산기업 주가도 상승한다. 사람들이 돼지고기를 먹는 것을 불안해하면서 돼지고기 소비도 타격을 받는데 이때

닭고기나 수산물 등 대체 식품 관련주도 상승하는 경향을 보인다.

3. 다음 기사를 읽고 괄호 안에 들어갈 수 없는 종목을 고르시오.

NEWS

지난 주말 사이 강원도에서 아프리카돼지열병 발병 농장이 잇
따라 나오면서 관련주가 12일 급등 중이다.

이날 오전 9시 25분 기준 (   ) 주가는 전일 대비 455원
(16.49%) 오른 3,215원에 거래되고 있다. (   )는 계열사 넬바
이오텍을 통해 항생제, 소독제 등 동물용 의약품을 생산하고
있어 아프리카돼지열병 관련주로 꼽힌다.

(   )은 1,260원(14.42%) 오른 1만 원, (   )는 340원(10.69%)
상승한 3,520원을 기록 중이다.

〈뉴스1〉, 2020년 10월 12일

① 그린플러스

② 체시스

③ 이글벳

④ 우진비앤지

3. ①. 체시스는 자동차 부속품 제조·판매 관련 사업을 목적으로 설립된 회사로 계열사인 생명공학기업 넬바이오텍이 구충제·항균·항생제 등의 동물용 의약품을 생산하고 있어 돼지열병 관련주로 분류된다.

이글벳은 동물용 의약품 제조 전문업체로 양돈, 축우 및 반려동물 제품을 취급하고 있다. 그 외에도 부동산 임대업, 통신판매업 및 전자상거래업 등을 하고 있다.

우진비앤지는 동물용 의약품 제조·판매를 목적으로 설립된 회사로 동물약품 및 미생물 제제(동물약품, 원료의약, 미생물 농자재) 등을 제조·판매한다.

그린플러스는 대형 첨단온실 시공, 온실 관련 창호 공사 및 강구조물 공사 등을 주업으로 하는 국내 1위 첨단온실 전문기업이다. 스마트팜(온도, 습도, 이산화탄소, 빛, 배양액 등을 인위적으로 제어하는 농장) 관련주로 분류된다.

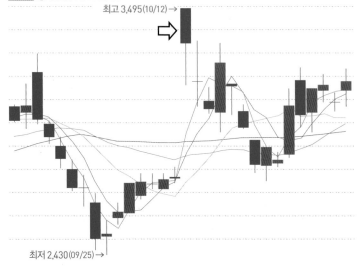

최고 3,495(10/12) →

최저 2,430(09/25) →

차트 23. 체시스는 2020년 10월 12일 아프리카돼지열병 발병 뉴스로 장중 26.63%까지 상승했다.

4. 다음 기사를 읽고 괄호 안에 들어갈 수 없는 종목을 고르시오.

NEWS

중국 쓰촨성 일대에서 조류독감이 발생했다는 소식에 국내 육

가공제품 생산기업 등이 반사이익 기대감에 상승세다.

마켓포인트에 따르면 10일 오전 11시 7분 현재 (   )와 관계

사 (   )는 각각 전날 대비 23.5%, 5.9% 상승 중이다. (   )도

16.67% 오르고 있다. (   )도 상승세다. 중국서 발생한 조류독

감으로 닭고기 공급이 줄어들 것으로 예상돼 이들 계육제품을
생산해 판매하는 업체의 주가가 급등한 것으로 풀이된다.

〈이데일리〉, 2020년 2월 10일

① 마니커에프앤지

② 마니커

③ 풀무원

④ 체리부로

--- ⊙ ANSWER

4. ③. 조류독감이 발생하면 닭고기 공급이 줄어들면서 닭고기 가격
이 오른다. 이에 따라 닭고기 유통회사는 판매가를 올려 매출액을
증가시킬 수 있다.

마니커에프앤지는 계육, 돈육, 우육 등 육류를 가공해 다양한 육가
공제품을 생산하는 식품제조사업을 하고 있다. 주요 제품군은 튀김
류, 패티류, 구이류, 육가공류, 훈제류, HMR Home Meal Replacement(가정
식 대체식품), 기타류 등으로 분류된다.

마니커는 닭고기 전문업체로 냉장 통닭, 닭가슴살, 부분육, 닭간 등
기타육 등을 판매하고 있다.

체리부로는 계육제품 생산 및 판매를 하고 있으며 주요 제품으로 싱

싱닭고기, 백년대계 등이 있다.

풀무원은 식품 제조업 등을 주 목적으로 설립된 회사로 2008년 인적분할을 통해 순수지주회사로 출범했다. 풀무원식품, 풀무원푸드앤컬처, 풀무원건강생활, 풀무원녹즙 등 총 31개의 연결 종속회사를 보유하고 있다.

차트 24. 마니커에프앤지는 2020년 2월 10일 중국 쓰촨성 일대 조류독감 발생 소식에 장중 28.94%까지 상승했다.

15장

인류에게 닥친 재앙, 코로나19

2020년은 코로나라는 새로운 질병과의 싸움으로 기억될 한 해였다. 어느 날 갑자기 중국의 한 도시에서 시작돼 전 세계로 걷잡을 수 없이 퍼져나간 코로나19 바이러스는 우리 생활 전반에 막대한 영향을 끼쳤고 산업구조까지 바꿔놓았다.

이로 인한 수혜주와 피해주도 극과 극으로 나뉘었다. 특히 코로나19 유행 초기 마스크나 손세정제 제조사는 폭발적인 감염을 막는 데 중요한 역할을 하며 코로나19 관련주로 큰 수혜를 입었다. 마스크나 알코올을 취급하는 기업이 없었다면 얼마나 더 많은 감염자가 나왔을까? 골판지를 제조하는 회사가 없었다면 그 많은 물건을 어떻게 택배로 발송하고 배송받았을까?

코로나19 관련주에 투자한다는 것은 남의 불행을 이용해 돈을 버는 일이 아니라 질병과의 싸움에 꼭 필요한 물품과 서비스를 제공하는 기업에 힘을 실어주는 일이다. 단순히 테마주로만 치부하기에 이제 이들은 우리 생활에 꼭 필요한 것들이 돼버렸다.

1. 다음 기사를 읽고 주식투자자로 가장 유리한 생각을 한 사람은?

NEWS

신종 코로나바이러스가 일으키는 '우한 폐렴' 공포감이 금융시장에 확산되고 있다. 다만 증권가에서는 우한 폐렴에 따른 국내 증시 영향은 제한적일 것으로 보고 단기 조정 시 매수 기회로 삼는 것이 적절하다고 조언했다.

강재현 현대차증권 연구원은 최근 발간한 보고서를 통해 "현재로서는 우한 폐렴 바이러스가 사스나 메르스만큼 치명적이지는 않은 것으로 분석된다"며 "과도한 공포심은 경계해야 한다"고 설명했다.

〈매일경제〉, 2020년 1월 26일

① 동원: 한국에 얼마나 환자가 나오느냐가 관건이겠네.

② 수연: 우한 폐렴으로 주식이 크게 떨어질 일은 없겠구나. 다행이네.

③ 현아: 우한 폐렴이 한국에 발생하면 수혜를 볼 기업을 찾아봐야지.

④ 상연: 증권사 말 반대로 되니까 이제 개폭락이 오겠군.

1. ④, 평범하고 소소한 문제와 관련해서는 증권사의 전망이 맞을 때도 많지만 코로나19처럼 이례적이고 중대한 문제일 때 증권사의 예측은 늘 틀린다. 증권사는 기본적으로 고객의 돈이 한꺼번에 빠져나가면서 시장에 큰 혼란이 오는 것을 경계하기 때문에 아무리 심각한 문제가 눈앞에 닥쳐와도 괜찮다는 말만 되풀이한다. 그리고 피해는 그 말을 믿은 투자자에게 고스란히 돌아간다. 따라서 주식투자자라면 증권사의 의견이 아니라 객관적인 사실에 근거해 만반의 준비를 해두는 것이 소중한 자산을 지키는 데 가장 중요한 일이라 하겠다.

2. 다음 기사를 읽고 주식투자자로 가장 유리한 생각을 한 사람은?

NEWS

코로나19 공포에 짓눌린 코스피가 19일 8% 넘게 폭락해 1500선이 무너졌다. 이에 따라 국내 유가증권시장에 상장된 기업들의 가치인 시가총액(코스피 기준)이 982조 1,690억 원으로 1,000조 원 밑으로 떨어졌다. 2011년 10월 6일(969조 3,650억 원) 이후 약 8년 5개월 만에 최저 수준이다. 하지만 시장에선 '위기는 이제 시작'이라는 시각이 적지 않다. 코로나19 확산으로 경제 불확실성이 점점 커지면서 상반기까지 글로벌 증시의 하락세가 이어져 코스피가 1000선까지 밀릴 수 있다는 우려도 나온다. 글로벌 금융위기가 한창이었던 2008년 10월 24일(938.75) 코스피 1000선이 무너진 바 있다.

주가 하락세가 계속될 것이라는 전망이 많다. 이인호 서울대 경제학부 교수는 "보통 증시가 하락장일 때도 중간에 조금씩 반등을 하는데 최근엔 엄청나게 빠지기만 했다. 투자자들이 망연자실한 패닉 상태"라면서 "코스피가 1000 근처까지 내려갈 가능성도 배제하지 못한다"고 말했다.

특히 '세계의 공장' 중국이 먼저 코로나19로 타격을 입은 가운데 '세계의 소비시장'인 미국과 유럽까지 코로나19가 덮치면서 우리 증시는 물론 경제 전반에 악영향을 주고 있다. 수출로 먹고사는 나라인데 수출길이 막혔다는 것이다. 주원 현대경제연구원 경제연구실장은 "미국과 유럽으로의 수출이 급감할 수밖에 없어 상반기까지는 증시 약세가 지속될 것"이라고 내다봤다. 김정식 연세대 경제학부 교수도 "160개국에서 우리 국민들의 입국을 제한하고, 전 세계가 국경을 봉쇄하는 상황"이라며 "글로벌 금융위기 때보다 더 큰 폭의 주가 하락이 불가피하다"고 설명했다.

〈서울신문〉, 2020년 3월 20일

① 동원: 내릴 때는 한없이 내려갈 것만 같은 게 주식이구나.

② 수연: 다 보기 싫다. HTS 끌래….

③ 현아: 코로나19가 더 확산되면 코로나 테마주가 더 오르겠지?

④ 상연: 전문가 말 반대로 되니까 이제 개폭등이네.

ANSWER

2. ④, 전문가들은 흔히 '주식은 싸게 사서 비싸게 파는 것'이라고 말한다. 그러나 정작 주식이 싸지면 사라고 하는 사람은 없다. 막상 그렇게 되면 그들은 늘 '더 떨어진다'고만 한다. 문제는 언론이 매번 틀리기만 하는 사람들의 말만 골라서 실어준다는 것이다. 분명 저 당시에도 빚을 내서라도 주식을 사야 한다고 말하는 사람들이 많았지만 언론은 공포를 조장하는 의견만 내보냈다. 실제로 위 기사가 보도된 지 불과 2개월 만에 코스피는 하락 이전 수준을 회복했다.

3. 다음 기사를 읽고 주식투자자로 가장 유리한 생각을 한 사람은?

NEWS

코스피지수가 2031선까지 상승했다. 미국, 유럽의 신종 코로나 바이러스 감염증(코로나19) 리스크 해소에 따른 것이지만 이미

2030선까지 올라섰기 때문에 추가 상승 폭은 제한적이란 분석이 나온다.

정인지 유안타증권 연구원은 28일 보고서에서 "미국, 유럽의 코로나 리스크 해소는 코스피가 2080선 수준까지 상승할 수 있는 재료라 볼 수 있으나 이미 2030선까지 올라와 향후 코로나 해결 기대감으로 상승 가능한 폭은 제한적"이라고 설명했다.

정 연구원은 "코스피가 250일(52주, 1년) 이평선 저항에 도달했다"며 "1년 평균가는 역사적으로 중요한 분기점으로 작용하는 경향이 있었다"고 말했다. 이어 "60일 이평선 이격도가 109.24%로 2009년 9월 23일 이후 가장 높은 수준이라는 점도 부담"이라고 설명했다.

〈이데일리〉, 2020년 5월 28일

① 동원: 주식시장에서 지식은 아무 쓸모가 없구나.

② 수연: 아, 추가 상승이 제한적이라고 하니 팔아야겠다.

③ 현아: 코로나 테마주는 언제까지 갈까?

④ 상연: 말도 안 되는 소리를 저렇게 근거를 붙여가며 늘어놓는 것도 재주네.

3. ④. 전문가들은 2020년 1월까지만 해도 코로나19가 별일 아니라 면서 단기 조정(상승하던 주가나 증시가 상승을 멈추거나 다시 하락으로 반전되는 현상)에 그칠 거라는 의견을 내놨으나 3월 20일 코스피지수 가 1400대까지 폭락하자 실물경기가 '폭망'했다면서 1100선도 위험 하다고 경고했다. 다시 2개월 만에 코스피지수가 폭락 이전 수준인 2030을 회복하자 추가 상승은 제한적일 것이라는 의견을 내놨다. 그 러나 코스피지수는 그 이후로도 힘차게 상승했고 11월에는 연고점 인 2500선을 훌쩍 넘어섰다. 전문가들의 말을 듣고 투자했다면 1월 에는 안심하고 있다가 3월에 추가 하락이 무서워 손절하고 5월에는 추가 상승은 없을 거라며 더 오를 수 있는 주식을 내다 팔았을 것이 다. 사람들이 매번 틀리는 전문가의 말을 신뢰하는 이유는 그럴듯한 근거를 붙이기 때문이다. 실제로는 완전히 잘못된 결론이지만 그 잘 못된 결과를 도출하기 위해 합리적으로 보이는 250일 이평선(이동평 균선, 일정 기간 동안의 주가를 산술평균한 값인 '이동평균'을 차례로 연결 해 만든 선으로 주가의 평균치를 나타내는 지표가 된다), 60일선 이격도 (주가와 이동평균선 사이가 얼마나 떨어져 있는지 보여준다. 당일 주가를 이 동평균치로 나눠 구하며 단기 투자시점을 파악하는 기술적 지표가 된다) 같 은 전문용어를 붙이니 그에 현혹되고 만다. 이런 용어들을 어떻게 파악하고 투자에 활용하는지는 4부에서 자세히 배울 것이다.

4. 다음 기사를 읽고 주식투자자로 가장 유리한 생각을 한 사람은?

NEWS

최근 코스피가 상승 랠리를 펼치면서 코스피200 선물지수의 하루 등락률을 역방향으로 2배 추종하는 일명 '곱버스' 상장지수펀드ETF의 가격이 일제히 최저가를 기록했다. 인버스 종목의 가격이 연일 하락하면서 이들 종목을 대거 사들인 개인투자자들의 고민도 커져가고 있다.

16일 한국거래소에 따르면 지난 13일 KODEX 200선물인버스2X의 주가는 전 거래일 대비 2.04%(75원) 내린 3,595원에 장을 마감했다. 종가 기준으로 2016년 9월 22일 상장 이후 가장 낮은 가격이다. 최근 코스피가 연일 연고점을 경신하며 상승세를 보이면서 KODEX 200선물인버스2X는 이달에만 18.5% 하락했다. 코스피는 이날 장중 2500선을 넘어서며 2018년 1월 29일 기록한 역대 최고치인 2607.10포인트에 한 발 더 다가섰다.

〈아시아경제〉, 2020년 11월 16일

① 동원: 코스피가 사상 최고치에 가까워지니 인버스 투자자들이 힘들겠네.

② 수연: 코로나19 확진자가 이렇게 많은데 주가는 왜 오르는 거지?

③ 현아: 한국은 인구 대비 사망자가 상대적으로 적으니 타격이 크지 않구나.

④ 상연: 전문가들은 코스피 2100 이상 상승이 제한적일 거라던데 역시 반대로 되네.

○ ANSWER

4. ②, 아직도 '주가는 실적을 따라간다'라거나 '실물경기가 위축되면 주가는 내린다' 같은 말을 믿는 사람이 있을까? 한때는 이런 말이 들어맞는 경우도 있었고 그때 큰돈을 번 사람들이 주식투자 이론을 정립하면서 정설로 굳어졌지만 요즘의 데이터를 보면 그렇지 않다. 최근 주가의 방향을 결정하는 가장 큰 요소는 시중에 풀린 자금 규모다. 코로나19로 인해 경기가 위축되고 기업들이 도산할 위기에 내몰리자 각국의 중앙은행과 정부는 긴급 지원금을 풀기 시작했고 이것이 화폐의 가치를 크게 떨어뜨리면서 그 외의 자산가치를 밀어 올렸다. 그 영향으로 주식뿐만 아니라 부동산, 비트코인 등 모든 자산이 급등세를 보였다. 역설적으로 가장 큰 위기가 자산 가치의 상승을 만들어낸 것이다.

기사와 보기 ①번에서 언급된 인버스 상품은 기초자산의 움직임을 정반대로 추정하도록 설계된 금융투자 상품을 말한다. 펀드, 상장지수펀드$_{ETF}$, 상장지수증권$_{ETN}$ 등의 형태가 있으며 코스피200지수 등락과 반대로 움직이도록 설계된 인버스ETF가 가장 일반적이다. 예를 들어 코스피200지수가 1% 상승하면 인버스ETF는 마이너스 1% 수익률, 코스피200지수가 1% 하락하면 인버스ETF는 플러스 1%의 수익률을 목표로 운용된다.

5~6. 다음 기사를 읽고 물음에 답하시오.

NEWS

국내 신종 코로나바이러스 감염증(코로나19) 확산세가 가팔라진 20일 신규 확진자 수는 300명대 중반을 나타냈다.

전날(343명)보다 다소 늘어나며 사흘 연속 300명대를 기록했다. 사흘 연속 300명대 확진자가 나온 것은 수도권 중심의 '2차 유행'이 한창이던 지난 8월 21~23일(324명→332명→396명) 이후 근 3개월 만이다. 이는 코로나19 상황이 심각하다는 방증으로, 감염병 전문가들은 이미 '3차 유행'이 시작된 것으로 보고 있다.

〈서울경제〉, 2020년 11월 20일

5. 기사를 읽고 주식투자자로 가장 유리한 생각을 한 사람은?

　① 동원: 확진자가 좀 줄 만하면 다시 늘고 반복이네.

　② 수연: 무서워. 밖에 나가지 말아야겠다….

　③ 현아: 예전에 올랐던 코로나 관련주가 뭔지 찾아봐야겠다.

　④ 상연: 재택근무하면서 집에서 주식하고 싶다.

6. 다음은 기사를 읽고 관련주를 추론한 것이다. 알맞지 않은 것은?

　① 동원: 코로나19가 재유행하면 다시 재택근무를 할 테니 재택근무
　　관련주야.

　② 수연: 코로나19가 재유행하면 다시 원격수업을 할 테니 온라인 교
　　육 관련주야.

　③ 현아: 코로나19가 재유행하면 음압병실이 모자랄 테니 음압병실 관
　　련주야.

　④ 상연: 코로나19가 재유행하면 경제활동이 위축될 테니 인버스ETF야.

-- ⊙ ANSWER

5. ③. 코로나19 확진자 수는 증가와 감소를 반복하기 때문에 바로 직전 확진자가 폭증했을 때 올랐던 종목들을 잘 정리해놓는 것이 중요하다. 코로나19가 다시 대유행할 조짐이 보이면 그 종목 위주로 대응해나가면 된다. 주기성을 띠는 모든 이슈에 적용 가능한 좋은 방법이다.

6. ④, 사람들은 흔히 테마주를 위험하다고 생각한다. 여러 가지 이유가 있겠지만 그중 하나가 '실제로는 아무 관련도 없는데 얼토당토하지 않은 이유를 갖다 붙여 억지로 끼워 맞춘다'는 것이다. 이는 크게 잘못된 생각이다. 코로나19로 우리 생활의 모든 것이 바뀌었고 그에 따른 수혜주와 피해주도 극명하게 갈렸다. 코로나19 테마주들의 실적도 마찬가지였다. '스마트폰 시장 확대로 삼성전자가 좋아 보인다'와 '재택근무 확대로 원격근무 솔루션업체가 좋아 보인다'는 동일 선상의 논리다. 오히려 경계해야 할 것은 '코로나19는 금방 지나갈 것이다. 왜? 사스와 메르스도 그랬으니까'처럼 아무 근거 없는 희망적인 소리다.

7. 다음은 기사를 읽고 수혜주를 추론한 것이다. 알맞은 것은?

NEWS

신종 코로나바이러스 감염증(코로나19) 확산 속도가 빨라지면서 20일 전국 9개 시·도 162개 학교에서 등교수업을 하지 못했다. 교육부에 따르면 이날 오전 10시 기준으로 등교수업일을 조정한 학교가 이같이 집계됐다.

등교수업 중단 학교는 전날 130곳에서 32곳 더 늘어 지난 9월

18일(7,018곳) 이후 두 달 만에 최다를 기록했다.

현재 2021학년도 대학수학능력시험(수능)을 2주 남긴 상황에

서 코로나19 대규모 유행 조짐을 보이고 있다.

〈한국경제TV〉, 2020년 11월 20일

코로나19 학교 확산 → 학생 등교 중지 → (   )

① 식품주

② 게임주

③ 온라인 교육주

④ 웹툰주

○ ANSWER

7. ③, 사실 현실적인 답은 ②번과 ④번이지만 증시에서는 학생들이

등교를 하지 않으면 온라인으로 인강 수요가 많아질 것으로 판단해

온라인 교육주가 상승한다. 현실과 증시가 달라 고민될 때는 우선 직

전 사례를 참고하는 것이 안전하다. 한 개인보다는 다수가 생각하는

쪽으로 움직이는 것이 증시이기 때문이다.

8. 다음 기사를 읽고 괄호 안에 들어갈 수 없는 종목을 고르시오.

NEWS

신종 코로나바이러스 감염증(코로나19) 재확산 우려에 언택트
(비대면) 관련 교육주가 강세를 보였다.

18일 (   )은 전날보다 2,450원(29.52%) 오른 1만 750원에 장
을 마쳤다. (   )는 18.02%, (   )도 25.71% 급등했다.

〈한국경제〉, 2020년 8월 18일

① KG이니시스
② YBM넷
③ 아이스크림에듀
④ 메가엠디

--- ⊙ ANSWER

8. ①, KG이니시스의 주 사업은 전자지불결제업$_{PG}$이다. 전자지불결
제 서비스란 온라인상에서 지불결제가 필요한 업체에게 시스템을 구
축해주고 지불 승인과 매입, 대금 정산 등의 업무를 지원하는 서비
스를 말한다. 아이튠즈와 애플페이의 독점 서비스사이며 종속회사
로 케이지모빌리언스, 케이지에듀원 등을 보유하고 있다.

종가 단순 3 5 10 20 60

최고 12,600(08/27) →

최저 7,700(08/03) →

차트 25. 아이스크림에듀는 2020년 8월 18일 코로나19 재확산 우려에 비대면 교육 관련주로 장
중 23.26%까지 상승했다.

9. 다음은 기사를 읽고 수혜주를 추론한 것이다. 알맞은 것은?

NEWS

신종 코로나바이러스 감염증(코로나19) 여파로 국내 주요 기업

10곳 중 9곳은 재택근무를 시행 중이거나 시행 예정인 것으로

나타났다. 절반 이상의 기업들은 코로나19 위기 이후에도 재택

근무가 활용될 것으로 전망했다.

한국경영자총협회(경총)가 이달 7, 8일 국내 매출액 100대 기

업(지난해 기준) 중에서 공기업 9곳을 제외한 민간기업 91곳을 대상으로 재택근무 현황 실태를 조사한 결과 응답 기업 69곳 중 88.4%가 재택근무를 시행 중이라고 답했다고 13일 밝혔다. 2.9%는 "곧 시행한다"고 답했으며 "시행 중이지 않고 계획도 없다"고 답한 곳은 8.7%에 불과했다.

〈동아일보〉, 2020년 9월 14일

코로나19 직장 내 확산 → 해당 건물 폐쇄 및 출근 중단 → (　　　)

① 게임주

② 증권주

③ 화상회의 관련주

④ OTT 관련주

● ANSWER

9. ③. 보기 4개 모두 답인 것 같아 망설였다면 당신은 참된 직장인. 재택근무를 하면 개인적으로는 그동안 업무 시간에 하고 싶었는데 하지 못했던 일을 마음껏 할 수 있을지도 모른다. 그러나 시장에서는 재택근무가 확산되면 화상회의 솔루션을 제공하는 기업을 수혜

주로 본다. 미국에서도 코로나19 확산에 따라 줌$_{ZM}$이 급등한 바 있다. 어떤 면에서 수혜주는 단순하다고도 볼 수 있다.

10. 다음 기사를 읽고 괄호 안에 들어갈 수 없는 종목을 고르시오.

국내외 코로나19 신규 확진자가 다시 200명에 육박했다는 소식에 증시에서 재택근무, 스마트워크 관련주가 일제히 강세다. 13일 오전 10시 25분 현재 기준 '재택근무·스마크워크' 섹터는 3.34% 상승하고 있다.

관련 종목인 (   )(9.79%), (   )(7.21%), (   )(6.76%), (   )(5.89%), (   )(3.80%) 등이 오름세를 보이고 있다.

<한국경제TV>, 2020년 11월 13일

① 알서포트

② KG ETS

③ 이씨에스

④ 소프트캠프

10. ②, 알서포트는 클라우드 기반 재택·원격근무 솔루션 전문기업으로 클라우드 웹 영상회의(리모트미팅) 서비스를 비롯해 PC 원격제어 솔루션(리모트뷰) 등을 공급한다. 일본 및 아시아 시장 내 점유율 1위를 차지하고 있다.

이씨에스는 AI, 챗봇, 옴니채널, 음성인식 등 콘택트센터 솔루션 및 통합 커뮤니케이션 전문업체로 재택·원격근무, 협업 지원, 원격교육 등의 다양한 사업을 진행하고 있다.

차트 26. 알서포트는 2020년 11월 13일 코로나19 재확산 소식에 재택근무 관련주로 장중 14.47%까지 상승했다.

소프트캠프는 정보보안 솔루션 소프트웨어 전문개발사로 대한민국 1세대 정보보안업체다. 재택근무 솔루션 '실드앳홈'을 출시해 재택 및 원격근무시장에 진출했다.

KG ETS는 재난 4번 문제 해설 참조.

11. 다음은 기사를 읽고 수혜주를 추론한 것이다. 알맞은 것은?

> 국내 신종 코로나바이러스 감염증(코로나19)의 확산세가 빠르게 진행되면서 병상 부족 우려가 현실화하고 있다. 가장 먼저 빨간불이 켜진 곳은 지역사회다. 광주·전남 지역은 전체 잔여 병상이 150여 개밖에 남지 않아 병상 확보에 비상이 걸렸다. 강원도 역시 도내 코로나19 확진자 급증에 따라 음압병상을 24개 추가 확보하는 등 확진자 수용 대책 마련에 나섰다.
>
> 〈한국경제〉, 2020년 11월 19일

지역사회 코로나19 확산 → 확진자 수용 음압병실 부족 → (   )

① 주사기 관련주

② 백신 관련주

③ 치료제 관련주

④ 음압병실 관련주

--- ANSWER

11. ④, 코로나19 확진자 수가 갑자기 증가하면 의료시설이 열악한 지역은 순식간에 음압병실 부족 문제에 직면한다. 서울은 음압병실 수가 많은 편이지만 지방 곳곳은 조금만 확진자가 늘어도 금세 위험해진다. 따라서 음압병실을 구축하는 기업들의 일거리 수주가 곧바로 증가한다. 물론 백신이나 치료제가 나와도 해결은 되지만 시간도 오래 걸릴뿐더러 불확실한 미래이기 때문에 병실 부족 이슈로는 주가가 움직이지 않는다. 백신이나 치료제 관련주들은 병실 부족 뉴스가 아닌 백신 성과나 개발 일정 등의 뉴스에 반응한다.

12. 다음 기사를 읽고 괄호 안에 들어갈 수 없는 종목을 고르시오.

NEWS

코로나19 확산으로 음압병실 관련주들이 강세를 나타내고 있다.

19일 9시 42분 기준 ( )는 전일 대비 23.33%(2,450원) 오른

1만 2,950원에 거래되고 있다. 같은 시각 ( )과 ( )도 각

각 6% 상승 중이다.

〈머니투데이〉, 2020년 11월 19일

① 에스와이

② 제넨바이오

③ 우정바이오

④ 오텍

12. ②, 에스와이는 조립식 샌드위치패널 제조·판매를 주 사업으로

하고 있다. 지난 3월 이동형 조립식(모듈러) 음압병실 제조 기술을 개

발했고 선별진료소나 집합형 병상 형태로도 제작 가능하다. 멸균전

문소독업체인 그린F5와 협업해 방역 서비스도 제공하고 있다.

우정바이오는 감염관리 전문기업으로 병원 내 특수시설 및 멸균 실

시, 감염 방지시설 등의 구축과 장비 판매, 진단 및 예방관리 서비스

를 제공하고 있다.

오텍은 특수차량 제조 전문기업으로 최첨단 음압 앰뷸런스와 한국

형 앰뷸런스, 복지차량, 암 검진 및 전문 진료차량, 특수 물류차량, 의료기기, 기타 자동차 부품을 생산한다.

제넨바이오는 2019년 주 업종이 폐기물 처리업으로 변경됐으나 2018년 에이피알랩을 인수한 이후 이종 이식 제품 개발 및 제조업에 진출했고 최근 이종 장기이식 임상을 신청하면서 바이오 신약 연구·개발 이슈가 있을 때 상승을 보인다.

차트 27. 우정바이오는 2020년 11월 19일 코로나19 확산으로 인한 음압병실 부족 뉴스에 장중 30%까지 상승했다.

13. 다음은 기사를 읽고 수혜주를 추론한 것이다. 알맞은 것은?

NEWS

"마스크 얼마나 공급해줄 수 있나요?"

마스크 생산업체 A사는 최근 이 같은 문의전화를 자주 받는다.

특히 그동안 연락이 뜸했던 해외 바이어들도 섞여 있다.

'K-마스크'를 향한 해외 러브콜이 다시 증가하고 있다. 전 세계

하루 신종 코로바이러스 감염증(코로나19) 확진자가 60만 명을

넘어서는 등 코로나 사태가 악화하면서 나타난 현상이다.

〈뉴스1〉, 2020년 11월 17일

해외 코로나 확진자 증가 → 마스크 수출 증가 → (　　　)

① 마스크 관련주

② 방호복 관련주

③ 손세정제 관련주

④ 폐기물 관련주

13. ①, 한국에서는 확진자가 늘어나든 줄어들든 마스크 착용이 일상화됐기 때문에 이제는 확진자 증가가 마스크 제조사에 호재로 작용하지는 않는다. 그러나 해외에서 확진자가 증가해 한국산 마스크를 사 가는 것은 다른 각도에서 볼 문제다. 향후 백신과 치료제가 보급되기 전까지는 해외 확진자가 증가할 때마다 마스크 제조사들이 계속해서 수혜를 볼 가능성이 있다.

14. 다음 기사를 읽고 괄호 안에 들어갈 수 없는 종목을 고르시오.

NEWS

마스크주가 급등하고 있다. 마스크 수출길이 열리면서다.

20일 오후 1시 53분 현재 (   )은 전날보다 1,130원(18.71%) 오른 7,170원에 거래되고 있다. (   ) 역시 같은 시간 520원 (10.12%) 뛴 5,660원을 기록 중이다. 이 밖에도 (   ), (   ), (   ) 등 마스크 관련주 등이 급등세를 펼치고 있다.

산업통상자원부와 식품의약품안전처는 의약외품 마스크에 대한 수출 규제를 폐지한다고 이날 밝혔다.

〈한국경제〉, 2020년 10월 20일

① 웰크론

② 케이엠

③ 모나리자

④ 코리아에프티

ANSWER

14. ④. 웰크론은 기능성 극세사섬유를 이용한 침구 및 생활용품을 제조하며 부수적 사업으로 복합방사 방식의 나노섬유를 이용한 부직포 필터여제와 방위산업제품을 제조하고 있다. 주요 제품으로 이불, 청소용품, 방탄복, 생리대, 기능성 화장품, 마스크 원단, 마스크 등이 있다. 4중 여과 시스템과 0.4마이크로미터 크기의 미세입자를 차단할 수 있는 마스크로 주목받았다.

케이엠은 산업용 안전용품 및 소모품, 의료용품, 의료기기, 보호복, 보호장구, 마스크 등을 제조하는 업체다. 최근 케이엠헬스케어의 '도우3D써지컬N95마스크'(의료 환경과 의료인의 안전을 확보하기 위해 사용하는 의료용 호흡기 보호구)가 식품의약품안전처에서 의료기기 허가를 받았는데 케이엠은 케이엠헬스케어의 지분 32.78%를 보유하고 있다.

모나리자는 화장지, 지류, 위생용품을 제조·판매하고 있다. 마스크 매출액은 2019년 동기 대비 약 51.9% 증가했다.

코리아에프티는 자동차 연료 시스템 부품 제조업체로 자율주행 관련주로 분류된다.

차트 28. 웰크론은 2020년 10월 20일 마스크 수출 허가 뉴스로 장중 24.83%까지 상승했다.

15. 다음은 기사를 읽고 수혜주를 추론한 것이다. 알맞은 것은?

신종 코로나바이러스 감염증(코로나19)이 전 세계로 확산하면
서 한국산 손소독제, 진단키트, 손세정제 등의 수출이 급증했다.

한국이 코로나19 방역·위생 모범사례로 주목받으면서 이와 관련된 한국산 제품의 수요가 많이 늘어난 것이다.

5일 산업통상자원부에 따르면 3월 손소독제 수출액은 569만 달러로 지난해 같은 달 대비 604.1%의 가파른 상승세를 보였다. 이달 수출액은 지난해 손소독제 연간 수출액 678만 달러의 83.9%에 달한다.

〈연합뉴스〉, 2020년 4월 5일

해외 코로나19 환자 확산 → 손소독제 등 위생용품 수출 증가 → (   )

① 마스크 관련주

② 손소독제 관련주

③ 온라인 교육주

④ LED 관련주

⊙ ANSWER

15. ②, 손소독제도 마스크와 마찬가지로 해외 확진자가 증가하면 수출량이 늘어나 기업 실적이 개선된다.

16. 다음 기사를 읽고 괄호 안에 들어갈 수 없는 종목을 고르시오.

신종 코로나 바이러스 감염증(코로나19) 확산세가 이어지는 가운데 손소독제 관련주들이 급등세를 보이고 있다.

20일 마켓포인트에 따르면 이날 오전 9시 41분 현재 (　　　)은 전 거래일 대비 23.95% 상승한 1만 200원에 거래되고 있다. 다른 손소독제 관련주인 (　　　)도 전일 대비 9.93% 오른 1만 4,700원, (　　　)도 4.73% 오른 1만 4,400원에 거래 중이다.

〈이데일리〉, 2020년 11월 20일

① MH에탄올

② 창해에탄올

③ 한국알콜

④ 하이트진로

⊙ ANSWER

16. ④. 손소독제 관련주로는 손소독제 제조사가 아니라 소독제의 원료인 에탄올 제조사가 주목받는다.

MH에탄올은 소주의 주원료인 주정를 제조·판매하는 주정사업부,

기계설비·제작사업부, 골프장사업부로 구성돼 있다.

창해에탄올은 주정사업부, 엔지니어링사업부, 무역사업부 3개 부문으로 구성된다. 2016년 전라주정을 인수, 2017년 흡수합병을 완료해 업계 점유율 1위를 차지하고 있다. 자회사인 창해이앤지는 에탄올 플랜트 설계·시공·운전 노하우 전수 등 에탄올 플랜트 전 공정을 수행한다.

한국알콜은 화학제품 및 주정 등의 제조와 판매를 목적으로 설립된 회사로 합성주정, 무수주정, 정제주정 등 주정제품을 제조·판매하

차트 29. MH에탄올은 2020년 11월 20일 코로나19 재확산 뉴스로 장중 28.14%까지 상승했다.

고 있다. 손소독제 원재료로 알려진 에탄올을 취급하고 있어 관련주로 분류된다.

17. 다음은 기사를 읽고 수혜주를 추론한 것이다. 알맞은 것은?

NEWS

서울·경기·인천 등 수도권의 '준 3단계' 사회적 거리두기가 7일 0시부터 13일 자정까지 일주일 연장된다. 이 기간 동안 방역조치를 확대해 프랜차이즈 제과·제빵점과 아이스크림·빙수점에서도 포장·배달만 허용되고, 직업훈련기관도 집합금지대상에 포함된다. 전국에 적용하는 2단계 사회적 거리두기 조치는 오는 20일 자정까지 2주간 연장한다.

〈한겨레〉, 2020년 9월 4일

사회적 거리두기 2단계 실시 → 음식물 포장 또는 배달만 허용 → ( )

① 식품주

② 의류주

③ 포장주

④ 해운주

-- ⊙ ANSWER

17. ③, 사회적 거리두기 단계가 강화되면 사람들이 모일 수 있는 인원수나 장소 등이 제한된다. 제과·제빵점이나 프랜차이즈 커피 전문점도 마찬가지인데 포장이나 배달만 허용되고 매장 내 취식은 금지된다. 이에 따라 음식물 포장용기 수요가 급증한다.

18. 다음 기사를 읽고 괄호 안에 들어갈 수 없는 종목을 고르시오.

NEWS

4일 식품용 포장용기를 제조·판매하는 (   )는 코스닥시장에서 전 거래일 대비 4.21% 상승한 3,835원으로 장을 마쳤다. (   )는 지난 1일부터 전날까지 3거래일 연속 하락했지만 이날 장중에는 10.05%까지 상승한 4,050원에 거래되는 등 나흘 만에 반등했다. 우유 종이 팩과 가정간편식HMR 포장용기 등을 생산하는 (   ) 주가 역시 전 거래일 대비 1.52% 상승한 8,670원에 마감됐다. 택배 포장과 관련된 기업들의 주가도

껑충 뛰었다. 골판지와 종이상자를 생산하는 (   )의 주가
는 이날 장중 19% 뛰었다가 전날 대비 7.31% 오른 4,770원으
로 마감했다. (   )도 장중 전날 대비 8.81% 오른 1,235원
에 거래되다 2.20% 상승한 1,160원으로 마감됐다.

〈서울경제〉, 2020년 9월 4일

① 동방선기

② 한국팩키지

③ 삼륭물산

④ 태림포장

ⓞ ANSWER

18. ①, 코로나19가 재확산되면서 수도권을 중심으로 사회적 거리두
기가 강화되자 음식을 포장하거나 배달하는 수요가 급증하리라는 예
측과 함께 포장용기 관련주가 상승세를 보였다.

한국팩키지는 식품용 포장용기 제조 및 판매를 목적으로 한국제지
㈜에서 분사해 설립됐다. 우유나 주스를 포장하는 액체포장용기 제
조를 주요 사업으로 영위한다.

삼륭물산은 위생용 포장용기(액체음료용기)를 제조·판매하고 있다.

태림포장은 국내 최대 골판지 생산설비를 보유 중인 골판지업계 선두

기업으로 골판지와 골판지 상자를 생산해 국내외에 판매하고 있다.

동방선기는 선박용 배관 및 모듈 유닛과 육상·해상 플랜트를 제작·생산하는 업체로 본사가 가덕도와 가까운 부산시 강서구에 있어 가덕도 신공항 테마주로 분류된다.

19. 다음은 기사를 읽고 수혜주를 추론한 것이다. 알맞은 것은?

신종 코로나바이러스 감염증(코로나19) 확산 여파로 올해 들어 택배 물량이 작년보다 약 20%가량 늘어난 것으로 나타났다.

18일 국회 국토교통위원회 강준현 의원(더불어민주당)이 국토교통부로부터 받은 생활물류 택배물동량 자료에 따르면 올해 1~8월 물동량은 21억 6,034만여 개로 지난해 같은 기간과 비교해 20.0% 증가했다.

〈한국경제TV〉, 2020년 9월 18일

코로나19 바이러스 확산 → 외출 자제로 인한 택배 증가 → (　　)

① 자동차주

② 정유주

③ 물류주

④ 식품주

⊙ ANSWER

19. ③. 코로나19로 인해 택배 물량의 증가세가 멈추지 않고 있다. 주목해야 할 점은 코로나19를 계기로 그동안 온라인쇼핑을 하지 않던 사람들도 온라인쇼핑의 편리함을 경험하면서 배송 서비스에 익숙해졌다는 것이다. 앞으로 기업들은 더 다양하고 편리한 배송 서비스를 선보이려 할 것이고 이는 업체 간 치열한 경쟁으로 이어질 전망이다. 중요한 것은 어떤 이커머스업체가 경쟁에서 이기든 택배 물량은 어차피 늘어난다는 것이다.

20. 다음 기사를 읽고 괄호 안에 들어갈 수 없는 종목을 고르시오.

택배 등 물류업체 관련주가 정부가 신종 코로나바이러스 감염증(코로나19)에 대응하기 위해 더욱 강력한 방역 조치를 추가한다는 소식에 급등 중이다.

28일 오전 9시 20분 기준 (   ) 주가는 전일 대비 1,295원 (26.62%) 오른 6,160원에 거래되고 있다.

(   )은 415원(19.39%) 오른 2,555원을, (   )는 330원 (15.17%) 오른 2,505원을 가리키고 있다.

〈뉴스1〉, 2020년 8월 28일

① 동방

② 한익스프레스

③ 한솔로지스틱스

④ 다날

○ ANSWER

20. ④, 동방은 전국 주요 항만과 물류 거점을 통한 네트워크 시스템을 구축하고 항만하역 및 육상·해상운송사업을 근간으로 초중량물 운송·설치와 3자물류$_{3PL}$, 컨테이너터미널, 물류센터 운영 등의 물류사업을 영위하고 있다.

한익스프레스는 전국적 물류 거점을 구축하고 육상 화물운송 및 국제 운송주선, 3PL 등을 주요 사업으로 영위하는 종합 물류기업이다. 한솔로지스틱스는 종합 물류 서비스업을 주요 사업으로 하는 기업이다. 컨테이너운송, 트럭운송, 포워딩(해상·항공), 물류컨설팅, 산업별 특화 물류 서비스 등을 제공한다.

다날은 휴대폰 결제 서비스를 주 사업으로 국내뿐 아니라 해외에서도 결제 및 인증 사업을 진행하고 있다. 온·오프라인 휴대폰 결제를 비롯해 바코드 결제 등의 사업을 하고 있어 사회적 거리두기 단계 상승에 따른 전자결제 관련주로 분류된다.

21. 다음은 기사를 읽고 피해주를 추론한 것이다. 알맞은 것은?

NEWS

신종 코로나바이러스 감염증(코로나19) 백신 개발 선두 주자인 화이자와 바이오엔테크가 20일(현지 시간) 미국 식품의약국FDA에 백신 긴급사용 승인을 신청한다고 밝혔다.

로이터와 AP 통신 등에 따르면 앨버트 불라 화이자 최고경영자CEO는 이날 성명을 내 "이번 신청은 코로나19 백신의 전 세계 배달을 위한 우리 여정에서 중대한 이정표가 될 것"이라고 말했다.

FDA에 코로나19 백신의 긴급사용 승인 신청은 화이자가 처음이다.

화이자는 FDA가 내달 중순 긴급사용을 승인할 것으로 기대하고 있으며, 승인될 경우 거의 곧바로 유통을 시작할 예정이라고 밝혔다.

〈연합뉴스〉, 2020년 11월 20일

화이자 등 제약사 코로나19 백신 승인 신청 → 코로나19 종식 기대감 → ( ) 피해

① 주사기 관련주

② 백신 관련주

③ 치료제 관련주

④ 진단키트 관련주

-- ⊙ ANSWER

21. ④, 화이자, 모더나 등의 제약사들이 생산한 코로나19 백신 접종이 시작되면서 코로나19 종식에 대한 기대감으로 거의 모든 종목이 상승했지만 웃지 못한 종목도 있었다. 바로 코로나19 확산의 수혜를 톡톡히 봤던 진단키트주다. 백신이나 치료제가 개발되는 순간 진단키트는 필요 없어진다는 인식 탓에 대표적인 피해주로 판단되고 있다.

22. 다음 기사를 읽고 괄호 안에 들어갈 종목으로 알맞지 않은 것을 고르시오.

NEWS

신종 코로나 바이러스 감염증(코로나19) 백신 개발이 속도를 내면서 코로나 검사에 쓰이는 진단키트 관련 기업들이 약세를 나타내고 있다.

17일 한국거래소에 따르면 이날 오전 10시 55분 진단키트 선두주자인 (   )은 전날보다 5.35% 하락한 21만 9,200원에 거래 중이다.

(   )는 전 거래일 대비 10.33% 내린 2만 3,000원에 거래되고 있다. (   ) 역시 8.20% 하락한 2만 5,200원을 기록 중이다.

이 밖에도 진단키트 관련주로 알려진 종목 대부분이 하락세를 나타내고 있다.

〈조선비즈〉, 2020년 11월 17일

① 씨젠

② 인바디

③ 수젠텍

④ 랩지노믹스

22. ②, 씨젠은 유전자(DNA, RNA) 분석을 통해 질병 원인을 감별하는 분자진단시약 개발, 제조 및 공급·판매업을 주 사업으로 하고 있다. 코로나19 진단키트인 'Allplex 2019−nCoV Assay'는 4월 22일 FDA의 긴급사용 승인을 획득했다.

수젠텍은 체외진단용 의료기기 및 진단시약류 제조와 판매를 주요 사업으로 영위하는 회사로 코로나19 항체진단키트 'SGTi−flex COVID−19 IgG'가 FDA 긴급사용 승인을 획득했다.

랩지노믹스는 체외진단사업 및 이와 관련된 부대사업을 영위하고 있으며 생물정보학Bioinformatics 기술을 이용한 NGS(차세대 염기서열 분석) 진단 서비스를 제공한다. 코로나19 진단키트 'LabGun COVID−19 Exo FAST RT−PCR Kit'가 FDA의 긴급사용 승인을 획득했다.

인바디는 전자 의료기기 및 생체신호 측정장치의 제조·판매를 목적으로 설립돼 체성분 분석기를 주요 제품으로 개발·생산·판매하고 있다. 헬스케어 관련주로 분류된다.

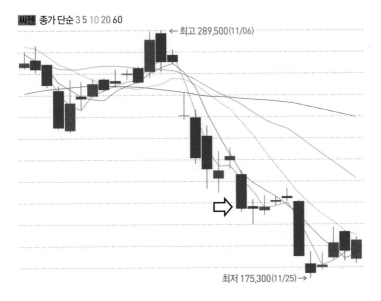

차트 30. 씨젠은 2020년 11월 17일 코로나19 백신 개발 소식으로 장중 11.1%까지 하락했다.

23. 다음은 기사를 읽고 수혜주를 추론한 것이다. 알맞은 것은?

NEWS

신종 코로나바이러스 감염증(코로나19) 백신이 개발된 뒤 널리

보급되기 전까지 넘어야 할 산이 하나 있다. 바로 저온 유통(콜

드체인) 시스템 개발이다. 아무리 효과적인 백신도 최근 국내

독감백신 사례처럼 잘못 보관·유통하면 그 효능이 떨어지거나

부작용이 생길 수 있기 때문이다.

임상 최종 단계인 3상 시험에서 90% 이상의 효과가 있는 것으로 나타난 '화이자 백신'을 어떻게 보관하고, 실어 나를지 관심이 쏠리고 있다. 화이자와 독일 바이오엔테크가 공동 개발 중인 이 백신은 '영하 70도'란 초저온 상태에서 보관해야 효능이 유지되기 때문이다. 짧은 기간에 다량의 백신을 초저온 상태에서 보관·유통하는 '매머드급 수송전략'이 필요한 것이다.

〈중앙일보〉, 2020년 11월 11일

화이자 백신 유통 시 영하 70도 필요 → (   )

① 콜드체인 관련주

② 주사기 관련주

③ 마스크 관련주

④ 진단키트 관련주

--- ⊙ ANSWER

23. ①, 화이자가 생산한 코로나19 백신이 영하 70도 조건에서 운송돼야 한다는 사실이 알려지면서 콜드체인 구축이 화두로 떠올랐다. 냉동고부터 시작해 드라이아이스, 보관용기까지 새로운 수요가 창출

되고 있다. 이럴 때 투자자는 큰 기회를 잡을 수 있다.

24. 다음 기사를 읽고 괄호 안에 들어갈 수 없는 종목을 고르시오.

신종 코로나 바이러스 감염증(코로나19) 백신에 대한 기대감이 한층 커지면서 콜드체인(저온 유통) 관련주가 강세를 보이고 있다. 코로나19 백신이 본격적으로 보급되면 백신 보관 기술과 운송 관련 종목이 수혜를 입을 수 있을 것이란 전망에서다.

11일 마켓포인트에 따르면 이날 오전 9시 30분 기준 (　　)이전 거래일 대비 4,200원(25.77%) 오른 2만 500원에 거래 중이다. (　　)이 19.61%, (　　)가 19.22%, (　　)가 12.65%로 오르고 있다.

〈이데일리〉, 2020년 11월 11일

① 대한과학

② 박셀바이오

③ 일신바이오

④ 태경케미컬

24. ②. 대한과학은 과학기술 분야에 사용되는 연구용 실험기기를 유통·제조하는 국내 최대 실험기기 종합 서비스기업이다. 초저온 냉동고, 회전 진공농축기 등 고부가가치 위주의 프리미엄급 연구용 실험 장비를 생산한다. 초저온 냉동고는 영하 80도 이하의 온도를 정밀하게 유지할 수 있어 혈청, 항체, 세포 및 각종 의료 샘플, 백신 보관에 필수적이다. 현재 식품의약품안전처에 인증 신청을 한 상태다.

일신바이오는 동결건조기, 초저온 냉동장치와 관련된 특허 및 실용신안등록을 소유한 기업이다. 콜드체인 핵심 장비인 산동결건조기, 초저온 냉동고, 혈액 및 시약 냉장고 등 생명과학 장비를 개발해 관련주로 분류된다.

태경케미컬은 액체탄산, 드라이아이스, 수산화마그네슘 및 액상소석회 등을 제조·판매하고 있다. 주력 사업은 탄산가스사업으로 전체 매출의 약 92%를 차지한다. 드라이아이스는 신선배송 아이스팩을 대체할 수 있는 친환경 냉매제로 마켓컬리, CJ푸드, 쿠팡 등에서 신선식품 저온 유통에 사용하는 드라이아이스를 공급하고 있다. 백신 운반·보관에 필요한 초저온 유통 관련주 중 하나로 꼽힌다.

박셀바이오는 면역항암제를 개발하는 회사로 최근 간암치료제 임상 결과가 주목을 받으며 두 달 사이 주가가 15배나 치솟았다.

대한과학 종가 단순 3 5 10 20 60

최고 22,500(11/18) →

← 최저 8,000(10/20)

차트 31. 대한과학은 2020년 11월 11일 코로나 백신 운송을 위한 콜드체인 관련주로 장중 29.75%까지 상승했다.

16장

이제 만나러 갑니다, 콘택트

본격적으로 코로나19 백신이 출시되고 영국, 미국, 캐나다 등의 국가에서 백신 접종이 시작되면서 시장의 관심은 코로나19 이전의 삶으로 옮겨가고 있다. 화이자, 모더나 등 백신 관련주에 이어 이제는 예전의 일상을 되찾을 경우 주목받을 코로나19 피해주였던 콘택트주들을 선점해야 한다. 물론 한동안은 다시 사람들을 자유롭게 만나고 훌쩍 여행을 떠날 수 있게 되는 것만으로도 가슴 벅차겠지만 말이다.

1~2. 다음 기사를 읽고 물음에 답하시오.

NEWS

미국 제약회사 화이자와 함께 신종 코로나바이러스 감염증(코로나19) 백신을 개발 중인 독일 바이오엔테크의 최고경영자CEO가 "개발 중인 백신으로 인해 내년 겨울이면 우리의 삶이 정상으로 돌아갈 수 있다"고 내다봤다.

우구르 사힌 바이오엔테크 CEO는 15일(현지 시간) 영국 BBC 방송과 인터뷰에서 "코로나19 백신의 예방 효과가 내년 여름쯤 크게 나타날 것"이라며 이같이 밝혔다.

〈중앙일보〉, 2020년 11월 16일

1. 기사를 읽고 주식투자자로 가장 유리한 생각을 한 사람은?

① 동원: 드디어 예전의 일상으로 돌아갈 수 있겠구나.

② 수연: 제발 빨리 나왔으면….

③ 현아: 백신이 개발되면 수혜를 입을 종목을 찾아봐야겠다.

④ 상연: 저거 맞는다고 과연 효과가 있을까?

2. 다음은 코로나19 백신 개발 수혜주를 추론한 것이다. 알맞지 않은 것은?

> 코로나19 백신 개발 → 일상생활로 복귀 → (　　　) 수혜

① 여행주

② 카지노주

③ 항공주

④ 철도주

○ ANSWER

1. ③. 코로나19 백신 개발이 희망적이라는 뉴스가 나오면 백신의 성공 가능성과 관계없이 시장은 빠르게 반응한다. 실제로 백신 개발 결과가 나올 때까지 기다려주는 법은 없다. 주식시장은 희망을 먹고 자라기 때문에 1%의 긍정적인 뉴스라도 있으면 그것을 양분으로 무럭무럭 성장한다. 이런 속성으로 인해 주가는 늘 실물에 선행한다.

2. ④. 코로나19 백신이 성공적으로 개발되면 사람들은 과거의 일상으로 돌아갈 수 있다. 즉, 그동안 큰 폭으로 하락했던 여행주, 카지노주, 항공주 등이 반등하리라고 예상할 수 있다. 소비가 회복되면 시장 전반에도 생기가 돈다.

3. 다음 기사를 읽고 괄호 안에 들어갈 수 없는 종목을 고르시오.

미국 제약회사 화이자의 코로나19 백신 출시 기대감에 대표적 콘택트주인 항공·여행주가 일제히 급등 중이다.

10일 오전 9시 3분 현재 (　　)과 (　　)은 각각 19.04%, 8.78% 올랐다. 같은 시간 (　　)은 28.22%, (　　)은 20.87%, (　　)는 19.08%, (　　)는 18.28% 급등하고 있다.

〈헤럴드경제〉, 2020년 11월 10일

① 현대차

② 대한항공

③ 노랑풍선

④ 하나투어

-- ⊙ ANSWER

3. ①. 대한항공은 항공운송사업을 주요 사업으로 영위하고 있으며 국내 13개 도시, 해외 43개국 111개 도시에 여객 및 화물 노선을 보유하고 있다. 여객사업은 코로나19 영향으로 매출이 큰 폭으로 감소했으나 화물기 가동률 제고, 우편물, 신선화물, 생동물, 의약품 등의

화물 전용 여객기 운영 같은 대체 전략을 적극적으로 구사해 영업 손실을 최소화할 수 있었다.

노랑풍선은 일반 여행업(여행 알선)을 비롯해 항공권·선표 발권 및 판매업 등을 목적으로 설립됐다. 내국인과 외국인을 대상으로 국내외 기획 여행 상품과 항공권 판매 등의 서비스를 제공하고 있다.

하나투어는 국내 최대 여행기업으로 전 세계 20여만 개 여행 상품을 전국 8,000여 개 협력 여행사, 온라인포털, 쇼핑몰 등 다양한 유통채널을 통해 판매하고 있다. 종속회사인 에스엠면세점은 인천공항 1터

노랑풍선 종가 단순 3 5 10 20 60

최고 28,100(11/17) →

← 최저 18,350(10/19)

차트 32. 노랑풍선은 2020년 11월 10일 화이자의 코로나19 백신 출시 소식으로 장중 28.47%까지 상승했다.

미널, 2터미널과 시내 면세점 입찰에 참가해 면세사업권을 획득했고 티마크호텔, 센터마크호텔 등 호텔을 개발하고 운영하는 업무도 하고 있다.

수도는 움직이는 거야, 세종시

선거철이 되면 이런저런 공약이 남발된다. 지역마다 해묵은 선거공약도 있는데 대표적인 것이 강원도 평창올림픽 유치, 전라도 새만금 개발, 경상도 가덕도 신공항 건설, 충청도 세종시 수도 이전 등이다. 강원도의 공약을 제외한 나머지는 여전히 유효하다. 이제 2022년 대선과 지방선거를 앞두고 지역별 공약이 쏟아져 나올 예정이니 이슈별로 관련주를 알아두는 것이 중요하다. 여기에서는 특히 관련주가 명확히 정리돼 있는 세종시 관련 종목을 다뤄볼 예정이다.

1~2. 다음 기사를 읽고 물음에 답하시오.

당정의 '천도론'으로 촉발된 세종 집값·땅값 급등세가 멈출 기미를 보이지 않고 있다. 세종 아파트 가격의 단기간 급등세 속 1년 만에 가격이 2배 뛴 단지들이 계속해서 나오고 있다. 땅값 상승률 또한 서울을 훌쩍 뛰어넘으며 전국 상승률 1위를 기록하는 모습이다.

29일 국토부 실거래가 자료에 따르면 세종시 종촌동 '가재11단지한신휴플러스' 전용 59.6㎡는 지난달 5억 8,700만 원에 매매 거래가 성사됐다. 1년 전 거래가(2억 7,700만 원) 대비 2배 가까이 올랐다. 인근 '가재2단지베르디움' 전용 59.93㎡는 지난 8월 5억 2,500만 원에 거래됐다. 역시 1년 전인 2019년 10월 실거래가(2억 5,000만 원)와 비교하면 2배 이상 올랐다.

〈서울경제〉, 2020년 10월 29일

1. 기사를 읽고 주식투자자로 가장 유리한 생각을 한 사람은?

    ① 동원: 세종시에 땅을 사러 가야겠다.

    ② 수연: 세종시가 서울시보다 비싸지는 거 아냐?

    ③ 현아: 세종시 땅값이 오르면 수혜를 입는 기업을 찾아봐야겠다.

    ④ 상연: 정부에서 부동산 정책을 완전 말아먹었구먼.

2. 다음은 세종시 땅값 급등 수혜주를 추론한 것이다. 알맞지 않은 단어는?

> 세종시 땅값 상승 → 세종시 인근 (   ) 보유 기업가치 상승

    ① 토지

    ② 건물

    ③ 공장

    ④ 거래처

--- ⊙ ANSWER

1. ③, 서울시 집값 급등이 계속되자 정부는 국회 등 서울에 집중된 시설을 세종시로 옮겨 서울의 과밀화를 해결하려고 했다. 그러자 자연스럽게 세종시 땅값이 급등하는 결과가 초래됐다.

2. ④, 세종시 인근에 토지, 건물, 공장 등 유형자산을 소유한 경우 세종시 땅값이 급등하면 보유 자산 가치가 상승한다.

3. 다음 기사를 읽고 괄호 안에 들어갈 수 없는 종목을 고르시오.

더불어민주당이 세종시 행정수도 이전 논의를 재개하자 세종시 관련주들이 급등했다.

22일 오전 10시 24분 기준 (　　　　)는 전 거래일보다 29.57% (2,750원) 급등한 1만 2,050원에 거래돼 상한가에 도달했다.

(　　　　　)는 세종시에 있는 자동차 부품 전문업체다. 세종시에 122억 원 상당의 토지를 소유하고 있다.

세종시에 본사와 공장이 있는 (　　　　)(30%)도 상한가에 도달해 4,940원에 거래되고 있다. (　　　　)는 냉난방 배관재와 연결구를 제조하는 업체다.

충남에 공장을 보유한 배합사료업체 (　　　　)(14.13%)과 (　　　)(23.41%)도 급등세다.

<머니S>, 2020년 7월 22일.

① 유라테크

② 프럼파스트

③ 대창

④ 대주산업

3. ③, 유라테크는 자동차용 점화 코일, 점화 플러그를 제조·판매하는 자동차 부품 전문업체다. 세종특별자치시 전동면에 본사가 있고 심중리, 동교리에 부품 공장이 있어 세종시 관련주로 꼽힌다.

프럼파스트는 주로 PB 난방·급수 파티프 등 건설자재용 배관재를 연구·개발해 생산·판매하고 있다. 대전광역시 중구 태평동에 본점이, 세종특별시 연동면 명학리에 생산설비 공장이 위치해 있어 세종시 관련주로 분류된다.

대주산업은 배합사료 제조·판매를 목적으로 설립된 회사다. 충남 성환읍, 장항읍에 생산설비 공장이 있어 세종시 관련주로 꼽힌다.

대창은 황동소재 부품사업을 영위하는 기업이다. 주요 제품은 전기전자 분야에 주로 사용되는 황동봉으로 전체 매출에서 차지하는 비중이 90% 이상이다. 실물경제 선행지표로 사용되는 구리 관련주로 분류된다.

유라테크 종가 단순 3 5 10 20 60

최고 13,500(07/27)→

←최저 5,960(06/29)

차트 33. 유라테크는 2020년 7월 22일 세종시 행정수도 이전 논의 재개 뉴스로 장중 29.57%까지 상승했다.

18장

어디선가 불어오는 녹색 바람, 그린뉴딜

정부가 강력하게 추진하던 그린뉴딜Green New Deal 정책(환경과 사람 중심의 지속 가능한 발전을 뜻한다. 현재 화석에너지 중심의 에너지 정책을 저탄소 경제구조로 전환하면서 고용과 투자를 늘리는 정책이다)은 미국 46대 대통령으로 조 바이든Joe Biden이 당선되면서 그 화력이 더욱 거세졌다. 세계적인 트렌드라고도 할 수 있는 그린뉴딜은 이제 거스를 수 없는 흐름이 됐다.

그린뉴딜 같은 흐름을 공부하고 적응하는 것은 꼭 투자 때문이 아니더라도 현대를 살아가는 데 필수적이다. 미래를 앞서서

예측하는 선견지명까지는 없더라도 뻔히 보이는 트렌드는 공부해 둬야 한다. 현명한 투자자라면 사회 변화와 정부의 기조를 거스르지 않고 현상에 대응해야 한다. 섣부른 예측으로 큰돈을 잃을 바에야 이렇게 투자 방향이 명확해진 다음에 그 길을 따라가는 것이 더 안전할 수 있다.

Quiz. 1~7

1. 다음 기사를 읽고 주식투자자로 가장 유리한 생각을 한 사람은?

NEWS

정부와 정책금융기관·민간금융권이 '국민과 함께하는 한국판 뉴딜'을 위해 170조 원 이상의 자금을 투입, 선도 국가 도약과 새로운 100년 설계를 추진하는 대규모 국가 프로젝트가 본격 가동된다.

문재인 대통령은 3일 오전 10시 30분 청와대 영빈관에서 제1차 한국판 뉴딜 전략회의를 주재했다. 이 자리에는 홍남기 경제부총리 겸 기획재정부장관 등 경제부처 수장들과 이낙연 대표 등 더불어민주당 지도부, 10대 금융지주회사 수장들이 자리했으며, 금융협회 및 관계자들이 영상으로 회의에 참석했다.

〈뉴스1〉, 2020년 9월 3일

① 동원: 한국판 뉴딜은 내용을 봐도 뭔지 잘 모르겠다.

② 수연: 170조 원이라니 정말 놀랍다….

③ 현아: 한국판 뉴딜 수혜주가 뭐가 있을지 찾아봐야겠다.

④ 상연: '한국판'이라는 말 들어간 거치고 성공하는 걸 못 봤는데….

1. ③. 정부에서 추진하는 정책은 여러 기업에 영향을 미치기 때문에 주식투자처를 결정하는 데 중요한 요소다. 하지만 워낙 정책이 많다 보니 전부 파악하고 따라갈 수는 없는 게 현실이다. 그럴 때 유용한 기준이 바로 투입 예산 규모다. 투입 예산이 많다는 것은 그만큼 정부가 신경을 쓴다는 뜻이다. 한국판 뉴딜은 무려 170조 원이 투입된다는 점에서 매우 중요한 정책 방향이라 할 수 있다. 향후 국정 운영의 기준이 될 가능성이 높으니 주시하자.

2. 다음은 기사를 읽고 수혜주를 추론한 것이다. 알맞지 않은 것은?

문재인 대통령이 추진하는 일자리 창출 국가프로젝트인 한국판 뉴딜에 '그린뉴딜'도 포함됐다. '한국판 뉴딜=디지털뉴딜+그린뉴딜'로 최종 정리된 셈이다. 정부는 오는 6월 초에 구체적인 그린뉴딜 사업계획을 발표하고, 3차 추가경정예산에도 반영할 방침이다.

강민석 청와대 대변인은 20일 브리핑을 통해 "문재인 대통령은 최근 관계 부처로부터 그린뉴딜사업과 관련해 합동 서면 보고를

받았다"며 "보고서를 면밀히 검토한 끝에 그린뉴딜을 기존 한국

판 뉴딜 사업안에 포함시키는 것으로 결론 내렸다"고 밝혔다.

〈파이낸셜뉴스〉, 2020년 5월 20일

① 풍력발전 관련주

② 태양광발전 관련주

③ 원자력발전 관련주

④ 지열발전 관련주

· ⊙ ANSWER

2. ③, 그린뉴딜의 핵심은 신재생에너지다. 신재생에너지란 신에너지

와 재생에너지를 함께 부르는 말로 기존 화석연료를 재활용하거나

재생 가능한 에너지를 변환해 이용하는 에너지를 일컫는다. 태양광,

태양열, 바이오, 풍력, 수력 등이 재생에너지, 연료전지, 수소에너지

등이 신에너지에 속한다. 미국 바이든 대통령의 정책 방향과도 일치

하기 때문에 향후 지속적인 관심을 받을 전망이다.

3. 다음 기사를 읽고 괄호 안에 들어갈 수 없는 종목을 고르시오.

그린뉴딜 관련주가 급등하고 있다. 문재인 대통령이 그린뉴딜을 한국형 뉴딜에 포함한다고 밝혀서다.

21일 오전 9시 11분 현재 풍력에너지 관련주인 (   )는 가격 제한 폭(29.90%)까지 상승한 3,780원에 거래되고 있다. (   ), (   ) 등은 20%대로, (   ), (   ) 등은 10% 넘게 상승 중이다.

〈한국경제〉, 2020년 5월 21일

① 풍국주정

② 동국S&C

③ 유니슨

④ 씨에스윈드

○ ANSWER

3. ①, 동국S&C는 풍력, 금속 구조재, 건설업 등을 주요 사업으로 영위하고 있다. 풍력발전기 핵심 품목인 윈드타워를 자체 기술로 생산한다.

유니슨은 풍력발전을 주요 사업으로 하는 기업으로 대규모 풍력발전단지 조성 및 운영, 유지보수 사업도 영위하고 있다. 강원풍력발전단지(98㎿)와 영덕풍력발전단지(39.6㎿) 등 국내 최초·최대 규모의 상업용 풍력발전단지를 조성했다.

씨에스윈드는 풍력발전설비 및 제조, 관련 기술 개발, 강구조물 제작 및 설치, 풍력발전 관련 컨설팅 및 지원 서비스 사업을 영위하고 있다. 풍력발전기를 높은 곳에 설치할 수 있게 해주는 풍력발전타워, 풍력발전타워용 알루미늄 플랫폼 등을 생산한다.

차트 34. 동국S&C는 2020년 5월 21일 그린뉴딜을 한국형 뉴딜에 포함한다는 뉴스로 상한가를 기록했다.

풍국주정은 주정과 탄산가스, 건조주정박 제조·판매를 주요 사업으로 하고 있다. 효성, SK어드밴스드, 대한유화공업, 롯데BP로부터 수소 원료 가스를 공급받아 양질의 초고순도 수소를 생산해 수소차 관련주로 분류되며 자회사 선도화학이 단일 공장 최대 규모의 액화탄산과 드라이아이스를 제조하고 있어 콜드체인 관련주로 묶이기도 한다.

4. 다음 기사를 읽고 괄호 안에 들어갈 수 없는 종목을 고르시오.

> **NEWS**
>
> 정부의 그린뉴딜 정책에 대한 기대감으로 재생에너지 관련 기업의 주가가 강세를 보이고 있다. 27일 한국거래소에 따르면 이 날 오전 9시 50분 현재 태양광 관련 업체인 (   )는 전날보다 202원(20.76%) 오른 1,175원에 거래 중이다. 태양광 관련주로 분류되는 (   )도 7.77% 상승했다.
>
> 〈조선비즈〉, 2020년 5월 27일

① 태양

② 신성이엔지

③ 대성파인텍

④ SDN

---

4. ①, 신성이엔지는 클린룸사업(반도체 및 평판디스플레이, 이와 관련된 소재나 제품 등 제조 공간에 공기청정도를 제어하는 장비를 생산·설치하는 사업)과 태양광제품 생산·판매, 태양광발전 시스템 및 ESS를 직접 설치하는 사업을 하고 있다. 대표적인 친환경 배터리 기업 관련주다.

대성파인텍은 자동차 부품용 파인블랭킹Fine Blanking 단일 사업으로 구성돼 있었으나 2014년 9월 태양열을 이용한 신규 사업을 확장했다. 주력 제품은 태양열 보일러 등 가정용 태양광제품과 태양열 온수기, 보일러, 태양광발전설비 등이다.

SDN은 선외기 제조업체로 2004년 한국신재생에너지연구소를 설립해 태양광 시장을 개척했다. 불가리아 등 동유럽에 최대 규모의 태양광발전소를 건설하고 있다.

태양의 주요 사업은 크게 휴대용 부탄가스사업과 에어졸사업으로 구분된다. 휴대용 부탄가스사업은 국내 시장점유율 70% 이상, 세계 시장 점유율 60% 이상을 확보하고 있다. 캠핑 관련주로 분류된다.

차트 35. 신성이엔지는 2020년 5월 27일 그린뉴딜 정책에 대한 기대감으로 상한가를 기록했다.

5. 다음 기사를 읽고 수혜주로 예상되는 것을 모두 고르시오.

NEWS

문재인 대통령은 30일 "2022년을 미래차 대중화의 원년으로

삼아 미래차 보급에 속도를 내겠다"며 "2025년까지 전기차 수

소차 등 그린 모빌리티에 20조 원 이상 투자할 계획"이라고 밝

혔다.

문 대통령은 이날 현대차 울산공장을 찾아 "미래차는 자동차

산업의 판도를 완전히 바꿔놓고 있다. 전기차업체인 테슬라가 글로벌 자동차기업을 제치고 기업가치 1위로 올라섰다"며 이같이 말했다.

<연합뉴스>, 2020년 10월 3일

① 수소차 관련주

② 전기차 관련주

③ 풍력발전 관련주

④ 태양광발전 관련주

⊙ ANSWER

5. ①, ②. 정부 발표의 지속성을 판단하려면 대통령의 행보를 주목해야 한다. 정부에서 정책을 발표할 때는 보도자료가 배포되는데 이중 어떤 것은 시간이 지나면 소리 소문 없이 사라지고 어떤 것은 강력히 추진된다. 이 차이는 대통령의 의지에서 비롯된다고 볼 수 있는데 이를 파악할 수 있는 단서가 바로 대통령의 기업 방문 행사다. 어떤 기업을 방문하는지, 어떤 메시지를 내놓는지, 예산은 얼마나 투입하는지 등을 잘 듣고 그 방향으로 투자하면 크게 위험하지 않다. 문재인 대통령은 그린뉴딜 발표 이후 꾸준히 관련 기업을 방문하며 정책 방향을 제시하고 있다.

6. 다음 기사를 읽고 괄호 안에 들어갈 수 없는 종목을 고르시오.

NEWS

미국 수소트럭업체 니콜라의 주가 급등에 국내 수소차 관련 종목들이 23일 강세를 보였다.

이날 주식시장에서 (　　　)은 전날 대비 가격 제한 폭(29.97%)까지 뛰어오른 4만 1,200원에 거래를 마쳤다.

(　　　)도 29.82% 급등, 상한가인 3만 2,000원에 마감했고

(　　　)(14.34%), (　　　)(8.53%), (　　　)(7.37%) 등도 상승했다.

〈연합뉴스〉, 2020년 6월 23일

① 에스퓨얼셀

② 두산퓨얼셀

③ 이엠코리아

④ 에스폴리텍

◉ ANSWER

6. ④, 비록 사기 논란이 있긴 했지만 미국 수소트럭업체 니콜라Nikola의 등장은 수소차에 대한 사람들의 관심을 끌기에 충분했다. 테슬라

가 상용화해 거리에서 쉽게 볼 수 있는 전기차와는 달리 대중이 막연하게만 느끼던 수소차를 멀지 않은 미래로 인식시켰기 때문이다. 니콜라가 아니더라도 수소차가 미래 이동수단 중 하나가 되리라는 점은 누구나 인정하는 사실이다. 그린뉴딜과도 맞물려 있는 이슈라 향후 주목해야 할 섹터다.

에스퓨얼셀은 연료전지 시스템을 제조·판매하는 전문업체로 주요 제품으로는 건물용 연료전지와 발전용 연료전지가 있다. '25kW급 건물용 연료전지 시스템 개발 및 실증' 사업과제에 최종 선정됐는데 이는 수소경제 활성화 로드맵의 건물용 연료전지 보급 목표 달성을 위해 정부에서 전략적으로 추진하는 연구·개발사업이다. 4년간 정부지원금 92억 원을 포함해 총 122억 원의 사업비가 투입될 예정이다.

두산퓨얼셀은 발전용 연료전지사업을 단일 사업으로 영위하고 있다. 발전용 연료전지 기자재를 공급하고 연료전지 발전소 장기유지보수 서비스를 제공한다.

이엠코리아는 공작기계 완성품 및 부품을 제작해 국내 주요 공작기계업체에 OEM 형식으로 납품하는 업체다. 자회사 이엠솔루션은 국내 상용화된 수소충전소 중 최다인 9개를 설치하고 있으며 수전해기술을 보유한 국내 유일 기업이다.

에스폴리텍은 엔지니어링 플라스틱 전문업체다. 엔지니어링 플라스틱은 방음벽, 건축자재, 지붕재 등에 필요한 재료로 코로나19 방역을 위한 칸막이 수요가 급증함에 따라 코로나19 관련주로 분류된다. 항공기용 제품 생산을 수주하고 있어 콘택트주로도 묶인다.

차트 36. 두산퓨얼셀은 2020년 6월 23일 미국 수소트럭업체 니콜라의 주가 급등에 상한가를 기록했다.

7. 다음 기사를 읽고 괄호 안에 들어갈 수 없는 종목을 고르시오.

13일 유가증권시장에서 삼성SDI는 전 거래일보다 2만 5,500원 (8.98%) 급등한 30만 9,500원에 장을 마쳤다. 현대차 전동화 모델에 배터리를 납품하는 LG화학 역시 1만 4,000원(4.14%) 상승한 35만 2,000원에 거래를 마감했다. 기아차에 배터리를 공급하고 있는 SK이노베이션 역시 전 거래일보다 100원(0.10%) 오른 9만 5,500원에 장을 마감했다.

2차전지 관련주 역시 들썩였다.

(   )이 가격 제한 폭(5,000원, 29.85%)까지 오른 2만 1,750원에 장을 마쳤다. (   )가 23.10% 급등한 것을 비롯해 (   )(14.97%), (   )(10.95%), (   )(8.01%), (   )(5.96%) 등도 동반 급등세를 나타냈다.

이날 전기차와 2차전지 관련주들이 동반 강세를 나타낸 배경에는 이재용 삼성전자 부회장과 정의선 현대차 수석부회장의 만남에 대한 기대감이 반영된 것으로 풀이된다.

〈한국경제TV〉, 2020년 5월 13일

① 에코프로비엠

② 신흥에스이씨

③ 코스모신소재

④ KR모터스

7. ④. 그간 LG화학의 배터리를 주로 쓰던 현대차가 삼성SDI 배터리를 채택할 움직임을 보이자 대형 2차전지 관련주가 일제히 상승했다. 전기차 배터리인 2차전지는 전기차산업의 핵심으로 완성차업체가 어떤 배터리를 쓰느냐는 해당 배터리회사는 물론이고 그 납품업체에도 지대한 영향을 미친다. 따라서 완성차업체의 행보를 눈여겨볼 필요가 있다.

에코프로비엠은 리튬이온 2차전지의 핵심 소재인 하이니켈High Nickel계 양극소재를 개발 및 생산하는 전지재료사업을 영위하며 세계 2위의 시장점유율을 확보하고 있다.

신흥에스이씨는 리튬이온전지 부품 제조업, 자동화기계 제작업 등을 영위하고 있다. 삼성SDI 협력업체로 배터리 폭발을 방지하는 안전장치 부품을 생산한다.

코스모신소재는 2차전지 및 IT소재업체로 주요 사업은 분체사업과 기능성필름사업이다. 분체사업에서는 배터리 양극재인 2차전지 양극활물질, 프린터 등에 사용되는 토너를 생산하고 기능성필름사업에서는 적층세라믹콘덴서MLCC(반도체에 사용되며 전류가 일정하게 흐를 수 있도록 제어하는 핵심 부품) 제조에 사용되는 이형필름 등을 만든다.

KR모터스는 이륜차 제조사업을 주 사업으로 영위하고 있으며 배달라이더가 증가하면서 오토바이 수요가 폭증함에 따라 오토바이 관련주로 주목받았다.

차트 37. 코스모신소재는 2020년 5월 13일 이재용과 정의선이 회동했다는 뉴스가 보도되면서 2차전지 기대감으로 장중 29.52%까지 상승했다.

19장

차를 샀더니 기사가 따라왔네, 자율주행

과거에는 도시에서 말을 타거나 말이 끄는 마차를 타고 다니는 것이 극히 자연스러웠지만 자동차가 등장한 후로는 경마장이나 관광객이 돈을 내고 말을 타볼 수 있는 체험 농장에 가야 말을 볼 수 있게 됐다. 마찬가지로 지금은 자동차를 운전자가 직접 운전하는 게 당연한 일이지만 미래 언젠가는 자동차를 운전하고 싶을 때 도시 외곽에 있는 자동차 주행장에서 돈을 내고 운전을 해야 할지도 모른다.

자율주행은 우리 눈앞에 바짝 다가온 미래다. 테슬라의 등장으로 불이 붙은 자동차업체 간 경쟁은 기술 발전 속도를 더 빠르게 할 것이다. 그 흐름에 손쉽게 동참하는 방법은 관련주에 투자하는 것이다. 일론 머스크Elon Musk 같은 천재의 노력이 내게 돈을 벌어다 준다고 상상하기만 해도 짜릿하지 않은가?

1. 다음 기사를 읽고 주식투자자로 가장 유리한 생각을 한 사람은?

NEWS

미국 전기차업체 테슬라의 완전자율주행Full Self-Driving·FSD 베타 서비스가 출시됐다.

22일(현지 시간) 미 IT매체 테크크런치 등에 따르면 테슬라는 지난 20일 소프트웨어 업데이트를 통해 한정된 고객을 대상으로 이 같은 FSD 베타 서비스를 시작했다.

이 기능이 작동하면 고속도로에서 차선을 변경하고, 내비게이션 경로에 따라 이동할 분기점을 선택하며, 좌회선과 우회전을 한다.

먼저 이를 체험해본 이용자들은 유튜브, 트위터 등 소셜미디어에 후기를 올리고 있다. 운전자들은 "새롭고 놀랍다"면서 "조작할 게 없었다"는 반응이다.

〈파이낸셜뉴스〉, 2020년 10월 23일

① 동원: 드디어 완전 자율주행차가 나왔구나! 빨리 타보고 싶다.

② 수연: 나 장롱면허인데 이제 나도 운전하고 다닐 수 있는 건가?

③ 현아: 자율주행 관련주를 찾아봐야겠다.

④ 상연: 미국에서나 잘되지, 한국은 눈도 오고 길도 좁은데 되겠어?

ANSWER

1. ③. 자동차업계는 테슬라를 선두 주자로 자율주행 개발에 몰두하고 있다. 방식은 저마다 다르지만 모두 기업의 사활을 걸고 연구 중이며 완전한 자율주행차 상용화가 그리 멀지 않은 것으로 보인다. 국내에는 현대기아차라는 큰 완성차업체가 있기 때문에 비교적 자율주행 관련주를 찾기가 쉬운 편이다.

2. 다음 기사를 읽고 괄호 안에 들어갈 수 없는 종목을 고르시오.

미국 전기차기업 테슬라가 완전자율주행차를 내놓는다는 소식에 국내 관련 업체가 급등하고 있다.

블랙박스업체 (　　　)은 23일 오전 9시 15분 현재 가격 제한 폭인 29.82%(510원) 오른 2,220원에 거래되고 있다. 같은 자율주행차 관련주로 꼽히는 (　　), (　　), (　　), (　　) 등도 10% 이상 상승했다.

일론 머스크 테슬라 최고경영자는 22일(현지 시간) '배터리데이'

에서 "아직 베타 버전이기는 하지만 완전한 자율주행이 가능한 자동차가 한 달 뒤 선을 보일 것"이라며 "그때쯤이면 모든 사람들이 변화의 규모를 진정으로 이해하게 될 것"이라고 말했다.

〈머니투데이〉, 2020년 9월 23일

① THE MIDONG

② 모트렉스

③ 텔레칩스

④ 대성파인텍

--------------------------------- ◉ ANSWER

2. ④, THE MIDONG은 차량용 영상저장장치(블랙박스) 제조 및 판매를 주력으로 하고 있다. 자율주행 시 사용되는 졸음운전 경보, 앞차 출발 알림, 보행자 인식 등 영상탐지 기반 알고리즘을 차량용 블랙박스에 탑재해 시장 상황에 맞게 순차적으로 제품화할 예정이라는 사실이 부각되며 관련주로 주목받았다.

모트렉스는 스마트카, 자율주행자동차, 커넥티드카 및 스마트카의 필수 장치에 해당하는 전방표시장치Head Up Display, HUD, 첨단 운전자 지원 시스템Advanced Driver Assistance Systems, ADAS 등을 개발·제조하고 있다. 자회사인 아이노즈를 통해 국토교통부가 주관하고 현대자동차, 한국도로공사 등 14개 산학연이 참여한 V2X_{vehicle to everything}(차량과 사물의 대화를 가능하게 하는 기술) 기반 화물차 군집 자율주행 운영기술 개발사업에 참여했던 것이 긍정적으로 작용해 관련주로 꼽혔다.

텔레칩스는 차량용 애플리케이션프로세서_{AP} 시장에서 세계 시장점유율 12%를 차지하고 있으며 제네시스를 제외한 현대자동차그룹 대부분의 차량용 인포테인먼트_{In-Vehicle Infortaiment, IVI}가 텔레칩스 AP로 구동된다. 한국전자통신연구원_{ETRI}, 네패스, 이화여대, 한양대 등의 기관을 컨소시엄으로 5년간 총 460억 원을 활용해 자율주행차나 드론 등 모바일기기에 사용할 수 있는 AI NPU(신경망처리장치)를 개발할 것이라고 한다.

대성파인텍은 그린뉴딜 4번 문제 해설 참조.

최고 3,790(10/13)→

←최저 1,555(08/31)

차트 38. THE MIDONG은 2020년 9월 23일 테슬라의 완전자율주행차 소식에 상한가를 기록했다.

Q1 엄청나게 쏟아지는 뉴스에서 매수로 이어질 만한 이슈를 어떻게 찾아내나요? 그 기준이 있다면요?

▶ 이 책에 정리돼 있듯이 매일 이슈와 종목의 움직임을 기록해두는 것이 중요합니다. 세상에 하루아침에 끝나는 이슈는 별로 없습니다. 어떤 회사가 테슬라에 부품을 납품한다고 할 경우 딱 한 번 하고 끝나지 않죠. 테슬라의 신모델이 나온다든지 하는 이슈가 생길 때마다 지속적으로 부각되기 마련입니다. 따라서 가장 중요한 것은 '예전에 비슷한 이슈가 있을 때 어떤 종목이 올랐는가'를 정리해두고 있어야 하는 것입니다. 그래야 다음에 뉴스가 나왔을 때 높은 확률로 다시 부각될 종목을 골라낼 수 있겠죠. 그럼 이슈를 어떻게 기록하는지 간단한 양식을 보여드리겠습니다.

▶ 분야:
▶ 아이템:

날짜	이벤트	종목	주가 변동	비고

① 분야를 선택하고 급등주, 관련주, 특징주 중 하나를 골라 검색해보세요. (예: 영화 관련주, 게임 급등주 등)

② 기사에서 주가가 급등한 종목을 찾고 주가 정보가 나오는 사이트에서 해당 종목을 검색하세요.

③ 종목 정보창에서 '차트'와 '시세'를 이용해 급등·급락 구간을 찾아냅니다.

④ 해당 날짜의 기사를 찾아보고 어떤 이벤트(이슈나 변동 이유)가 있었는지 그리고 주가 변동 내역이 어땠는지 적어보세요.

Q2 관련주는 어떻게 찾나요?

▶ 제일 간단한 방법은 스마트폰에 '진짜관련주' 앱을 깔고 알고 싶은 주제를 검색해보는 겁니다. 예를 들어 '코로나19 때문에 마스크가 많이 팔리니 마스크 관련주를 알고 싶다' 하면 앱에 접속해 '마스크'라고 치세요. 그럼 종목들이 쭉 나옵니다. 앱에도 나오지 않는다면 뉴스를 검색해보면 됩니다. 해당 날짜에 크게 화제가 된 종목은 무엇이었는지 보도가 되기 때문에 쉽게 알 수 있습니다. 그래도 나오지 않는다면 네이버에 주제어를 넣어 '○○○ 관련주'라고 검색해보면 됩니다.

Q3 수많은 관련주 중 매수할 회사를 선정하는 노하우는 무엇인가요?

▶ 최근에 거래량이 급증한 회사가 있으면 그 종목을 택하는 편입니다. 단기간 거래량이 갑자기 늘어났다는 것은 갑자기 사람들의 관심을 많이 받았다는 뜻이죠. 거래가 활발하게 일어났고 수많은 사람들의 머릿속에 최근에 각인이 됐다는 겁니다. 깜짝 스타인 셈이죠.

그런 종목이 여러 개 있다면 각 종목이 왜 올랐는지 분류를 해봐야 합니다. 예를 들어 화이자, 모더나, 아스트라제네카 등 수많은 제약회사들이 앞다퉈 코로나19 백신을 생산한다고 하면서 관련주들의 거래량이 한 번에 뛰었을 경우 도대체 뭘 사야 할지 혼란스러울 겁니다. 그럴 때는 오른 종목들을 분류해보면 그 안에서도 종류가 나뉩니다. 백신 제조사와 관련이 있는 회사, 백신을 유통·운반하는 데 관여하는 회사, 백신을 접종할 때 필요한 회사 등이죠. 그러면 그중에서 어떤 경우에나 결국은 오를 수밖에 없는 것을 우선적으로 고릅니다. 백신은 어떤 회사가 개발을 하든지 결국 주사기 수요는 늘 수밖에 없겠죠. 즉, 아스트라제네카 관련주에 투자를 하면 아스트라제네카 백신에 문제가 생겼다는 뉴스가 있을 때 주가가 폭락하겠지만 주사기 관련주는 누가 백신을 개발하든 상관없이 수요가 증가하기 마련입니다.

4부

—

알쏭달쏭
용어
정리

20장

주식투자에서 자주 보이는 용어들

　이 장에서는 주식투자를 할 때 자주 보게 되는 용어를 익힐 수 있는 문제를 풀어본다. 사실 경험상 실전 매매에서는 용어보다 주식적 사고가 더 중요하다. 물론 알아둬서 나쁠 건 없으니 더 깊이 공부하고 싶은 사람은 참고하자. 단 여기에서 소개하는 내용을 모두 알아야만 투자가 가능한 것은 아니라는 점은 명심해야 한다. 문제는 사례를 바탕으로 구성했으나 과거의 일이므로 매매를 하다가 모르는 용어가 나오면 유사 사례가 있었을 때 주가가 어떻게 반응했는지를 중심으로 보면 된다.

1~3. 다음 기사를 읽고 물음에 답하시오.

NEWS

증권업계에 따르면 이날 기관투자자들이 배정받은 170만
5,534주의 ㉠의 ㉡ 기간이 끝났다. 이날부터 시장에서 거래할
수 있게 된 셈이다. 앞서 기관들은 공모가 4만 9,000원에 SK바
이오팜 주식 1,320만여 주를 배정받았다. 이 중 절반인 660만
여 주는 시장에 이미 풀렸고 170만여 주가 이날부터 거래 가능
해진다. 3개월 뒤에는 공모 당시 6개월을 ㉡ 기간으로 설정한
492만여 주다.

〈서울경제〉, 2020년 10월 5일

1. ㉡에 들어갈 단어로 알맞은 것은?

① 의무보유

② 오버행

③ 공매도

④ 공시

2. ㉠에 들어갈 단어로 알맞은 것은?

　① 1개월

　② 2개월

　③ 3개월

　④ 4개월

3. 다음 중 기사를 읽고 SK바이오팜에 관해 예상한 내용으로 알맞지 않은 것은?

　① 수연: SK바이오팜 기관투자자들은 하한가를 맞아도 이익을 보고 있겠구나.

　② 동원: 현재 가격이 14만 원이니 공모가 대비 약 300% 상승이네. 대박이다!

　③ 상연: 와 대박, 기관투자자들은 수익을 극대화하기 위해 주식을 장기로 보유하겠네.

　④ 현아: 시장에 물량이 풀리면 자연스럽게 주가는 하락하겠군.

--◉ ANSWER

1. ①, 의무보유란 증권사에서 주식 등의 중요 물품을 보관해두는 것을 말한다. 기관투자자가 공모주를 더 많이 받는 대신 상장 후 일정 기간 동안 공모주를 팔지 않고 보유하도록 의무화하는 제도를

'의무보유확약 제도'라고 하는데 이 기간 동안 주식을 맡아두는 것이 의무보유라고 보면 된다. 법적으로 정해진 기간은 없고 보통 최대 6개월 정도를 설정한다. SK바이오팜은 주식 상장 전 기관에서 공모를 진행했고 의무보유가 설정돼 있었다.

보기 ②번의 오버행이란 주식시장에 언제든 매물로 나올 수 있는 잠재적 과잉 물량을 뜻한다. 주로 기관이나 채권단이 주가 상승 시 차익을 실현하기 위해 보유하고 있는 대량의 주식이 해당한다. 오버행 이슈가 생기면 공급 증가로 강한 매도세를 이끌어내기 때문에 일반적으로 주가 하락을 유발한다.

2. ③, 의무보유 기간은 공모 내용에 따라 다르며 1개월·3개월·6개월 단위로 공모 배정 수량을 할당한다. 기사에서 제시된 의무보유 기간은 3개월이며 해당 공모 물량은 SK바이오팜 상장일 2020년 7월 2일의 3개월 후인 10월 5일에 의무보유가 풀렸다.

3. ③, 기관투자자들은 상장 전 공모가(4만 9,000원)에 해당 주식을 매입했으므로 의무보유가 풀리자마자 시장에 매도해도 상당한 차익 실현을 기대할 수 있다. 현금화로 리스크를 헷지(금전 손실을 막기 위한 대비)하려는 기관투자자들이 매물을 쏟아내면 상장 이후 공모가보다 훨씬 높은 가격에 진입한 투자자들은 손해를 볼 수 있다.

4~5. 다음 기사를 읽고 물음에 답하시오.

NEWS

기업 분할은 주총 특별 결의 사항이다. 주총 참석 주주의 3분의 2, 전체 발행주식 수의 3분의 1 이상이 찬성해야 한다. LG화학은 지주회사인 (주)LG가 지분 30.09%를 보유한 최대 주주이고, 국민연금공단과 소액 주주 11만 명가량이 9.96%, 54.33%를 각각 나눠 갖고 있다. 국민연금의 표심이 변수인 셈이다.

분할 안건이 주총을 통과하면 LG화학의 배터리 사업부는 오는 12월 1일 'LG에너지솔루션'이라는 이름의 신설 회사로 공식 출범한다.

LG화학이 추진하는 ㉠은 기업의 자산·부채 등 재산만 분할해 새로운 자회사를 설립하는 것이다. 기존 회사는 분할로 떨어져 나가는 신설 회사의 주식 전체를 갖는다. LG에너지솔루션이 LG화학의 100% 자회사가 되는 것이다. LG화학 주주들도 LG화학을 통해 LG에너지를 '간접 지배'할 수 있다.

반면 소액 주주들이 바라는 ㉡은 주주가 가진 주식을 함께 쪼개는 것이다. 기존 주주들은 신설 회사의 주식을 종전 지분율대로 배정받는다.

〈이데일리〉, 2020년 9월 21일

4. 다음 중 ㉠과 ㉡에 들어갈 단어를 알맞게 짝지은 것은?

　① ㉠: 물적분할 ㉡: 인적분할

　② ㉠: 인적분할 ㉡: 물적분할

　③ ㉠: 액면분할 ㉡: 물적분할

　④ ㉠: 인적분할 ㉡: 액면분할

5. 다음은 기사 전후의 LG화학 일봉차트다. 알맞지 않은 것은?

　① 회사 분할 발표 당일('20. 9. 16.) LG화학은 하락 출발했다.

　② 회사 분할 발표 당일 LG화학은 장대음봉으로 마감했다.

　③ 회사 분할 이슈가 LG화학에게 악재로 작용했다.

　④ 회사 분할 발표 다음 날에도 LG화학의 시세는 좋지 않았다.

4. ①, LG화학이 실시한 분할은 물적분할(분리·신설된 회사 주식을 모회사가 전부 소유하는 기업 분할 방식)이었고 소액주주들이 원하는 방식은 인적분할이었다. 인적분할을 하면 LG화학 주가는 떨어지겠지만 기존 LG화학 보유자들은 신설 법인 주식을 소유하기 때문에 전체 투자금 면에서 이득이 있다. 물적분할은 간접투자의 성격으로 관여도가 기존보다 낮아진다.

5. ①, 회사 분할 발표 당일은 전일 대비 상승 출발했으나 장중 분할 계획이 발표되면서 크게 하락했다.

장대음봉이란 시가에 비해 종가가 매우 낮게 형성된 형태를 말한다.

6~7. 다음 기사를 읽고 물음에 답하시오.

NEWS

두산퓨얼셀 대주주가 보유 중인 지분 약 20%를 블록딜로 내놨지만 절반 정도의 물량이 매각에 실패했다. 이번 블록딜은 두산중공업 재무구조 개선의 일환으로 진행돼 다시 매각을 시도할지 주목된다.

6일 두산퓨얼셀은 전날보다 13.18% 급락한 3만 7,550원에 장을 마쳤다. 두산중공업은 1.07%, 두산은 1.7% 하락했다.

박정원 두산그룹 회장 등 두산퓨얼셀 특수관계인 10명은 전날 장후 1,092만 7,270주(지분 19.7%)를 블록딜로 내놨다. 가격 범위는 전날 종가(4만 3,250원) 대비 13~18% 할인한 3만5,465~3만 7,628원이었다. 물량이 많다 보니 할인율도 큰 편이었다. 그럼에도 불구하고 10.9%만 매각에 성공했다. 이달 말에 청약이 시작되는 두산퓨얼셀 유상증자 발행가(3만 4,200원) 대비 가격 매력이 없었던 것으로 평가된다.

대주주들은 이번 지분 매각 대금으로 무상증여를 위한 주식 담보대출 상환 등에 활용할 예정이었다. 박 회장 등 두산그룹 오너 일가 13명은 올해 말에 두산퓨얼셀 1,276만 3,557주(23%)를 두산중공업에 증여할 계획이다.

〈머니투데이〉, 2020년 10월 6일

6. 다음 중 블록딜에 관한 내용으로 알맞지 않은 것은?

① 블록딜은 장이 끝난 이후 진행된다.

② 블록딜은 일반적으로 당일 종가보다 낮은 가격에 거래된다.

③ 블록딜이 완료된 이후 인수자는 일정 기간 주식을 거래할 수 없다.

④ 블록딜이 실시되면 주가는 보통 하락한다.

7. 다음은 기사 보도 이후 두산퓨얼셀 일봉 차트다. 알맞지 않은 것은?

두산퓨얼셀 종가 단순 5 10 20 60 120
← 최고 61,325(09/08)
권리락(−1.88%)
↓
최저 34,882(10/06) →
거래량 단순 5 20 60 120
09
10

① 10월 6일 두산퓨얼셀은 갭하락하며 출발했다.

② 10월 6일 이후 4거래일 만에 하락 폭을 만회했다.

③ 차트로 봤을 때 두산퓨얼셀 블록딜은 시장에서 단기 악재로 읽혔다.

④ 10월 6일 장중 이슈로 인해 하락 폭을 점점 키워나갔다.

○ ANSWER

6. ③, 블록딜은 주식을 대량 보유한 매도자가 사전에 매수자를 구해 시장에 영향을 미치지 않도록 장 마감 후 지분을 넘기는 거래를 말한다. 별도의 의무보유 기간이 없으며 바로 시장에서 거래 가능하다.

7. ④, 두산퓨얼셀 블록딜은 2020년 10월 5일 장후 공시를 통해 알려졌으며 해당 이슈는 다음 날인 10월 6일 시가가 갭하락(장이 마감된 뒤 다음 날 장이 시작하기 전 주가가 떨어지는 것)하면서 반영됐다. 장중 악재가 발생할 경우 음봉(주식의 종가가 시가보다 낮게 끝나는 것)을 그릴 가능성이 높다.

8~9. 다음 기사를 읽고 물음에 답하시오.

NEWS

유한양행(대표이사 이정희)이 상장 이후 처음 ( )에 나선다.

유한양행은 오는 20일 열리는 정기 주주총회에서 보통주와 우선주에 대해 액면가격을 5대 1로 분할(5,000원→1,000원)하는 안건을 다룬다고 5일 밝혔다. 분할 신주는 오는 4월 8일 상장된다.

이번 ( )의 목적은 주당 가격을 낮춤으로써 개인투자자의 접근성을 확대, 주가 상승에 긍정적인 영향을 위한 것이다.

또 주식거래의 유동성 증가로 거래량과 거래금액을 증가, 외국인과 기관투자자의 매매에 대한 부담을 감소시키기 위한 취지도 있다.

실제 유한양행 주식거래 회전율은 2019년 기준 93%로, 코스피시장 평균인 209%와 비교할 때 절반 정도다.

유한양행은 "평소 거래량이 적다 보니 거래 활성화에 제약이 많았다"며 "이번 (   )로 매수, 매도에 대한 부담이 적어 개인 투자자들의 접근성이 제고, 거래금액 증가로 이어져 주가가 긍정적으로 평가될 것"이라고 말했다.

한편, 유한양행의 (   )이 결정되면 보통주는 기존 1,337만 1,362주에서 6,685만 6,810주로, 우선주는 23만 6,188주에서 118만 940주로 늘어나게 된다.

〈데일리메디〉, 2020년 3월 5일

8. 다음 중 괄호 안에 들어갈 용어는?

　　① 물적분할

　　② 가격분할

　　③ 액면분할

　　④ 분할가액

9. 다음 중 알맞게 생각한 사람은?

　　① 동원: 주식이 분할되면 주당 가치는 올라가겠지.

② 수연: 분할된 당시에 회사의 가치가 올라갈 거야.

③ 상연: 분할된 주식은 거래량이 많아져 활발한 시장을 유도할 수 있 겠구나.

④ 현아: 주식 분할은 주가 상승을 보장할 거야.

-- ◎ ANSWER

8. ③. 주식의 액면가액(명목상 가치를 표시하기 위해 증권 권면에 기재된 금액)을 일정한 분할 비율로 나눔으로써 주식 수를 증가시키는 것을 액면분할이라고 한다. 5대 1로 나눈다는 것은 예를 들어 액면가액이 5,000원인 주식을 1,000원짜리 5주로 만든다는 뜻이다.

9. ③. 주식 수가 많아지면 거래가 활발해지고 시장이 활성화될 수 있다. 주당 가격이 낮아져 소액투자자들의 진입이 쉬워지는 것도 활발한 거래가 유도되는 이유다.

10~12. 다음 기사를 읽고 물음에 답하시오.

NEWS

이른바 '방탄소년단 테마주'인 키이스트의 주식 매매거래가 정지됐다.

한국거래소는 코스닥 상장기업인 키이스트에 대해 "23일부터 신주권 변경상장일 전일까지 보통주에 대한 주권매매거래정지를 조치한다"고 20일 공시했다.

이번 주권매매거래정지의 사유는 주식의 병합, 분할 등 전자등록 변경 및 말소로, 주식·사채 등의 전자등록에 관한 법률 제65조 제1항에 따른 것이다.

키이스트는 지난달 24일 '주식병합에 따른 공고 및 채권자 이의 제출 안내'를 통해 주식병합 소식을 공고하며 "주식병합기준일인 2020년 4월 25일 각 주주가 소유하는 주식이 주식병합의 내용에 따라 액면금액 100원의 보통주식 5주를 액면금액 500원의 보통주식 1주로 병합돼 지급된다"고 알린 바 있다.

키이스트에 따르면 이번 주식병합의 목적은 주가 안정화 도모 및 주주가치 제고이다. 또 주식병합으로 발생되는 단수 주식 1주 금 100원(병합 전)은 자본감소하기로 했다. 이번 주식병합으로 자본감소 전 발행주식 수 8,535만 6,831주에서 자본감소 후 1,707만 1,366주로 보통주 수가 감소한다.

한편 매매거래정지 예정 기간은 23일부터 다음 달 12일까지로, 주식병합 권리배정기준일은 2020년 4월 24일이다.

방탄소년단은 2017년 키이스트의 일본 자회사 SMC(구 디지털어드벤처)와 일본 매니지먼트 전속 계약을 맺었다. SMC는 방탄소년단의 일본 팬클럽을 운영·관리하고 있다.

〈세계일보〉, 2020년 4월 23일

10. 기사의 내용에 따라 키이스트가 실시한 일로 알맞은 것은?

① 액면병합

② 액면분할

③ 증자

④ 감자

11. 다음은 키이스트의 차트다. 알맞지 않은 것은?

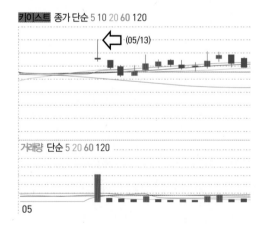

① 키이스트는 거래 재개 후 상승 출발했다.

② 키이스트는 거래 재개 당일 상승분을 모두 반납했다.

③ 거래 재개 시 매수·매도 대기 수량이 몰리면서 거래량 상승을 동반했다.

④ 액면병합은 주식의 가치를 높여 지속적 상승을 이끌었다.

12. 키이스트가 방탄소년단 테마주로 편입한 이유로 알맞은 것은?

① 방탄소년단 소속사인 빅히트의 지분을 직접 보유하고 있다.

② 키이스트의 자회사가 빅히트의 지분을 보유하고 있다.

③ 키이스트의 관계사가 빅히트의 지분을 보유하고 있다.

④ 키이스트의 자회사가 방탄소년단의 일본 활동 관리 권한을 갖고 있다.

--- ⊙ ANSWER

10. ①, 액면분할의 상대적 개념으로 액면가가 적은 주식을 합쳐 액면가를 높이는 것을 액면병합이라 한다.

11. ④, 액면병합은 1주당 가치를 높이는 행위가 맞지만 회사 전체 가치를 올릴 수는 없기 때문에 지속적 상승의 동력으로 보기는 어렵다.

12. ④, 키이스트는 빅히트와 지분 관계로 얽혀 있지는 않으며 사업 파트너 입장에서 관련주로 묶여 있다.

13~15. 다음 기사를 읽고 물음에 답하시오.

NEWS

최근 일부 상장사가 무상증자를 발표한 뒤 주가 부양 효과를 톡톡히 보고 있다. 무상증자를 호재로 받아들인 투자자들이 몰리면서 주가가 증자 사실을 발표한 직후 줄줄이 상한가로 직행하고 있어서다. 하지만 '무상증자=재무상태 건전'이라는 공식이 꼭 성립하는 것은 아닌 데다 무상증자 발표를 이용해 해당 기업 관계자가 시세차익을 본 뒤 주가가 급락하는 경우도 있어 투자에 신중해야 한다는 지적이다.

지난 20일 금융감독원 전자공시시스템에 따르면 이달 들어 11개 기업이 무상증자(유상증자를 함께 발표한 기업 제외)를 공시했다. 이 중 7개 기업의 주가는 발표 당일 20% 이상 올랐다. 레고켐바이오(53,200 +0.57%), 오스테오닉(2,630 −0.19%), 힘스(12,900 +1.18%), 와이엠티(15,850 +2.92%) 등 4개 기업은 상한가로 직행했다.

무상증자는 공짜로 주식을 나눠주는 걸 말한다. 기업의 자기자본은 자본금과 잉여금으로 나뉘는데 잉여금에 있던 돈으로 주식을 발행해 자본금으로 옮기는 것이다. 그렇게 발행한 주식을 기존 주주에게 나눠준다.

〈한국경제〉, 2020년 6월 21일

13. 다음 중 무상증자에 관한 설명으로 알맞지 않은 것은?

① 무상증자를 하면 자본금과 발행주식 수는 늘어나지만 회사의 자산 크기 자체는 변화가 없다.

② 주식 보유자들은 보유 주식 수에 비례해 추가 주식을 배정받는다.

③ 무상증자를 한다는 것은 해당 기업의 재무구조가 건전하다는 신호로 받아들일 수 있다.

④ 무상증자를 시행하는 당일 보통 회사의 주가는 상승한다.

14. 최근 무상증자를 실시한 다음 회사들에 관한 설명으로 알맞은 것을 모두 고르시오.

㉠ 힘스는 OLED 디스플레이를 주요 사업으로 하는 회사다.

㉡ 레고켐바이오는 ADC(항체-약물 복합체) 치료제가 주요 제품인 회사다.

ⓒ 와이엠티는 PCB(인쇄회로기판) 관련 전문업체지만 코로나19 관련 테마주로 편입된 적이 있다.

① ㉠, ㉡

② ㉠, ㉢

③ ㉡, ㉢

④ ㉠, ㉡, ㉢

15. 다음은 힘스가 무상증자를 발표한 전후의 차트다. 알맞지 않은 것은?

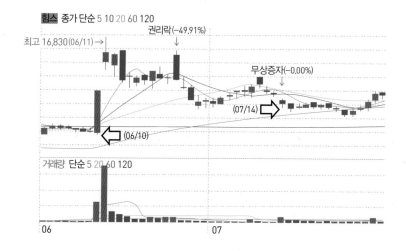

① 무상증자 발표 당일('20.6.10.)에 높은 거래량을 동반한 상승이 있었다.

② 무상증자 발표 당일 가장 큰 거래량이 보였다.

③ 무상증자 실시일('20.7.14.)에 주가는 하락 출발했다.

④ 무상증자 발표 이후 3일 연속 양봉을 보였다.

---

13. ④, 보통 무상증자를 공시한 날 회사의 주가는 상승하게 되나 실제 무상증자가 이뤄지는 당일에 상승을 동반하지는 않는다.

14. ④, 각각에 해당하는 회사의 설명이 모두 옳다. 와이엠티는 구리 원단 마스크를 제작해 코로나19 테마주로 편입된 적이 있다.

15. ②, 무상증자 발표 당일인 2020년 6월 10일 상한가로 인해 거래량은 다음 날인 6월 11일 가장 높았다. 양봉은 음봉의 반대로 주식의 종가가 시가보다 높은 것을 말한다. 양봉은 붉은색, 음봉은 파란색으로 나타내며 양봉은 상단이 종가, 음봉은 하단이 종가다.

16~17. **다음 기사를 읽고 물음에 답하시오.**

두산그룹이 그룹 정상화를 위한 현금 유동성 확보 등 자구안 마련에 더욱 속도를 내고 있다. 두산중공업이 1조 3,000억 원 규모의 유상증자를 결정하고 ㈜두산은 두산솔루스, 모트롤사업부 매각 계약을 체결했다. 박정원 두산그룹 회장 등 대주주들은 5,740억 원 규모의 두산퓨얼셀 지분을 무상으로 두산중공업에 증여해 두산중공업 정상화에 힘을 보태기로 했다.

• 두산중공업 1조 3,000억 유상증자 결정
4일 두산그룹에 따르면 두산중공업은 이날 이사회를 열고 1조 3,000억 원 규모의 유상증자를 실시하기로 결정했다. 주주배정 후 일반공모 방식으로 진행되며, 실권이 발생할 경우 주관 증권사가 총액 인수한다.

두산중공업은 지난 7월 클럽모우CC 매각 대금을 채권단 지원 자금 상환에 사용했으며 이번 유상증자로 마련하는 자금 역시 차입금 상환 등에 활용할 계획이다.

두산중공업은 이번 유상증자를 통해 재무구조를 개선하는 한편 가스터빈, 신재생에너지, 미국 소형모듈원전 등 차세대 중소형원자로, 수소, 연료전지 사업 중심의 '친환경 에너지기업'으로 혁신을 추진한다.

두산은 두산중공업 증자 참여를 위한 재원 확보 등을 위해 두산솔루스 및 모트롤 사업부 매각 계약도 체결했다.

두산은 두산솔루스 지분 18.05%를 스카이레이크인베스트먼트에 2,382억 원에 매각하기로 했다. 대주주 보유 지분 34.88%도 4,604억 원에 스카이레이크에 매각된다.

또한 모트롤 사업부를 소시어스-웰투시 컨소시엄에 4,530억 원에 매각한다. 매각에 앞서 모트롤 사업부를 물적분할하는 과정을 거치게 된다.

그동안 두산은 두산중공업 유상증자 참여 등 재무구조 개선을 지원하기 위해 다각도로 재원 확보를 추진해왔다. 지난 8월에는 네오플럭스 지분 96.77%를 신한금융지주에 730억 원에 매각하는 계약을 체결했고 두산타워 매각도 진행 중이다. 이를 통해 두산중공업 유상증자 참여에 필요한 재원을 충분히 확보하게 됐다는 설명이다.

〈파이낸셜뉴스〉, 2020년 9월 4일

16. 다음 중 유상증자에 관한 설명으로 알맞지 않은 것은?

① 유상증자는 신주를 발행하고 그 신주를 돈으로 팔아 기업자본금을 늘리는 행위다.

② 유상증자를 하면 기업의 자본이 늘어나 긍정적 신호로 읽힌다.

③ 유상증자 방식에는 주주배정 방식, 제3자 배정 방식, 일반공모 방식

3가지가 있다.

④ 유상증자로 인한 신주는 시중 가격보다 싸게 공급된다.

17. 다음은 유상증자가 일어난 시점의 두산중공업의 차트다. 알맞지 않은 것은?

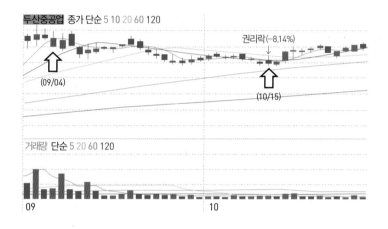

① 유상증자 발표 당일('20.9.4.)의 주가는 상승했다.

② 유상증자 발표 당일 대비 실시된 날은 주가가 하락했다.

③ 권리락 발생 이후 주가는 상승 추세로 전환됐다.

④ 유상증자 발표 당일 최근 거래량 중 가장 큰 상승이 있었다.

--- ⊙ ANSWER

16. ②, 유상증자를 하면 자본이 늘어나는 것은 맞다. 하지만 주식

수 증가로 주식당 가치가 희석되고 회사에서 재무가 좋지 않다는 신호로 해석될 수 있어 보통 부정적 신호로 읽힌다.

17. ④. 차트상 유상증자가 발표된 날 의미 있는 거래량의 변화는 없었다.

18~19. 다음 기사를 읽고 물음에 답하시오.

NEWS

16일 SK렌터카가 시설자금 마련과 렌터카사업 확대를 위해 1,000억 원 규모의 제3자 배정 유상증자를 결정했다고 공시했다.

SK네트웍스는 SK렌터카의 제3자 배정 유상증자에 참여해 SK렌터카 주식 1,152만 700주를 취득할 예정이다. 이번 유상증자로 보통주 1,152만 700주가 신주 발행되며 신주 발행가액은 8,680원이다. 신주 상장 예정일은 10월 19일이다.

SK네트웍스는 "종속회사의 재무 안정성 강화 및 성장 재원 확보 지원" 목적이라고 설명했다.

지난 1월 SK렌터카는 SK네트웍스가 보유 중인 980억 원 규

모의 차를 넘겨받기로 했으며 현금 지급에 따른 자동차 인도

440대, 리스 약정 승계 4,960대다.

올해 SK렌터카는 AJ렌터카와 통합 법인을 출범해 렌터카업계

1위 업체인 롯데렌터카와 선두 자리를 놓고 경쟁 중이다.

전국자동차대여사업조합에 따르면 지난 7월 말 기준 렌터카

1위는 롯데렌터카(22만 8,769대)로 2위 SK렌터카(20만 7,801대)

보다 2만 959대 더 많다. 양사의 시장 점유율 차이(렌터카인가대

수 기준)는 6월 말 기준 1.9% 차이다.

〈머니S〉, 2020년 9월 16일

18. 다음 중 제3자 배정 유상증자에 관한 설명으로 알맞지 않은 것은?

① 신주 인수자는 불특정 다수가 아니다.

② SK렌터카는 제3자 배정 유상증자를 통해 자금을 확보했다.

③ SK네트웍스는 SK렌터카에 대한 지배력을 확대했다.

④ 회사 자금이 부족해 실시하는 유상증자이므로 악재다.

19. 다음은 제3자 배정 유상증자를 실시한 SK렌터카의 차트다. 알맞지 않은 것은?

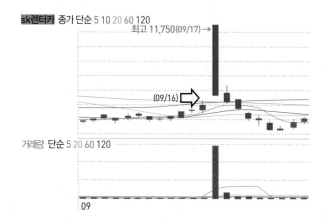

sk렌터카 종가 단순 5 10 20 60 120

최고 11,750(09/17)→

(09/16)

거래량 단순 5 20 60 120

09

① 제3자 배정 유상증자 실시 공시일('20.9.16.) 다음 날 대량 거래량을 기록했다.

② 공시일 다음 날 음봉으로 마감했다.

③ 공시일 다음 날 시가가 고가였다.

④ 유상증자 공시는 주가에 영향을 크게 미치지 않는다.

⊙ ANSWER

18. ④. 유상증자는 보통 악재로 읽히지만 특별한 목적에 의한 자금 조달이 향후 회사의 발전 가능성과 직결된 경우 호재로 읽히는 경우도 있다. 제3자 유상증자는 보통 인수자가 특정돼 있고 특별한 목적

을 지니고 있는 경우가 많다. 유상증자라고 해서 모두 악재로 해석해서는 안 된다.

19. ④. 공시 다음 날 장 초반에는 자금 조달이 호재로 인식돼 큰 폭으로 갭을 띄우며 상한가로 시작했지만 결국 일회성 호재임을 인식해 장 마감 때는 상승분을 거의 다 반납한 채로 끝났다. 심지어 2일 뒤에는 공시 전보다 주가가 더 내려가는 상황까지 벌어졌다.

20~21. 다음 기사를 읽고 물음에 답하시오.

NEWS

> 글로벌 유전체기업 이원다이애그노믹스(이하 EDGC)의 일반공모 전환사채 청약이 높은 경쟁률을 보이며 성황리에 마감됐다.
> EDGC는 일반투자자를 대상으로 지난 달 28~29일 이틀간 일반공모 전환사채 청약을 진행했다.
> 공시에 따르면 경쟁률은 3,099%로 모집금액은 600억 원이었으나 1조 8,596억 원이 몰렸다.
> 금번 공모발행은 하나금융투자가 대표주관, 한국투자증권이 공동주관을 맡았다.

EDGC 관계자는 "이번 공모발행 성공은 EDGC의 첨단 혁신기술과 미래 성장 가능성에 확신하며 회사의 성장과 이익을 일반 투자자들과 공유하고자 하는 취지를 시장에서 인정했다고 볼 수 있다"며 "전환사채 발행은 대부분 사모발행이란 점에서 금번 EDGC 공모발행은 전환사채 발행시장의 패러다임을 전환하는 계기가 될 것"이라고 말했다.

EDGC는 Cell-free DNA 액체생검(혈액으로 암을 극초기에 진단하는 혁신기술)을 미국 그레일와 함께 연구하고 있다.

이 외에도 차세대염기서열 BI분석 알고리즘을 이용해 태아의 유전적 건강을 검사하는 산자부 인증 세계일류상품 나이스, 70만여 개 핵심 유전자로 인종, 혈통을 분석하는 빅데이터 서비스 유후YouWho, K-방역모델에 기여한 코로나19 진단키트 DiaPlexQ 등 유전체 질병 예측, 추적, 진단 서비스를 해외 20여 개국 이상에서 제공한다.

EDGC 관계자는 "전환사채 발행 자금 600억 원을 연구개발 150억 원, 시설 자금 350억 원 등 계획대로 진행해 3~4년 내 국내 1등 유전체기업을 넘어 아시아 1등 유전체기업으로 발돋움하겠다"고 밝혔다.

〈한국경제TV〉, 2020년 11월 1일

20. 다음 중 전환사채에 관한 내용으로 알맞지 않은 것은?

① 보통의 회사채와 똑같지만 일정한 기간이 지나 주식전환권을 발동 하면 투자자가 원할 때 채권을 주식으로 바꿀 수 있다.

② 회사의 자금 조달이 원활해짐으로써 주가 상승을 이끈다.

③ 전환사채 투자자 입장에서는 채권과 주식의 투자 이득을 동시에 노 릴 수 있다.

④ 자금 조달 조건이 좋지 못한 회사에서 사용될 수 있는 방법이다.

21. 다음 중 EDGC가 실행한 전환사채에 관한 내용으로 알맞지 않은 것은?

① EDGC 전환사채 청약은 일반인이 공모에 참여할 수 없다.

② 청약 당첨자들은 전환권을 행사해 EDGC 주식을 취득할 수 있다.

③ 전환권을 행사해 받을 수 있는 주식의 수량은 미리 협의돼 있다.

④ 기존 EDGC 보유자들에게는 단기 악재로 작용할 수 있다.

-- ◉ ANSWER

2. ②, 자금 조달이 원활해지는 것은 맞지만 오히려 회사의 재무가 좋지 않은 것이 알려짐으로써 악재로 작용하는 경우가 많다. 전환사채 개념은 17쪽 참조.

21. ①, 기사에 따르면 EDGC는 일반공모로 전환사채를 진행해 일

반인도 공모에 참여할 수 있었다. 사모전환사채는 공모를 거치지 않고 특정한 제3자에게 배정하는 방식으로 발행되는 전환사채다.

22~23. 다음 기사를 읽고 물음에 답하시오.

필로시스헬스케어가 급락했다. 대규모 전환사채 주식전환에 따른 물량 부담이 악재로 작용한 것으로 풀이된다.

16일 한국거래소에 따르면 필로시스헬스케어는 지난 15일 전 거래일 대비 9.79%(740원) 하락한 6,820원에 장을 마쳤다. 4거래일 연속 하락세다. 그사이 주가는 무려 25.4% 가까이 빠졌다.

앞서 지난 11일 필로시스헬스케어는 지난해 발행한 180억 원 규모 제10·11·12회 전환사채에 대한 전환청구권이 행사됐다고 공시했다.

이번에 전환되는 주식 수는 약 1,370만 주다. 필로시스헬스케어 상장 주식 수 6,499만 주 대비 21.0%에 달하는 대규모 물량이다. 상장 예정일은 오는 22일(1,274만 주)과 23일(96만 주)이다.

해당 물량은 각각 상장 2거래일 전인 18일과 19일부터 보통주로 시장에 풀릴 전망이다. 한국거래소는 전환사채, 유·무상증자, 주식배당 등으로 취득한 주식의 경우 상장 2거래일 전부터 매도를 허용하고 있다.

우려스러운 점은 현재 주가가 전환가를 훨씬 웃돈다는 점이다. 제10회 전환가는 1,264원, 제11~12회 1,328원이다. 현 주가가 전환가보다 약 5배가량 많은 상황.

산술적으로만 계산했을 때, 제10회차 CB투자자가 전환가 1,264원에 총 물량 316만 4,556주에 대한 전환권을 행사한 뒤 이날 종가 6,820원에 매도할 경우 나타나는 시세차익은 무려 176억 원이다.

그만큼 투자자들은 전환사채를 주식으로 전환한 뒤 대규모 차익을 실현할 확률이 높다. 만약 18일까지 특별한 호재가 없다면 주가 하락 폭은 더욱 커질 것으로 예상된다. 소액투자자의 피해 역시 심화될 것으로 보인다.

다만 증권업계 일각에서는 필로시스헬스케어가 제약·바이오 업체인 만큼 코로나19 사태 국면에 따라 언제든지 급등할 가능성도 있다는 전망을 하고 있다.

실제 필로시스헬스케어는 지난 7일 157억 원 규모의 코로나19 검체채취키트를 미국 캘리포니아에 수출한다는 소식이 전해지며 상한가를 기록했다.

한편 이번에 전환되는 제10·11·12회차 CB가 시장에서 전량

소화되면 올해 더 풀리는 CB 물량은 없는 것으로 나타났다. 마지막 남은 제13회차 CB(30억 원)는 내년 6월부터 권리 행사가 가능하다.

<뉴스핌>, 2020년 9월 16일

22. 위는 필로시스헬스케어의 전환청구권 행사와 관련한 기사다. 이에 대한 해석으로 알맞은 것을 모두 고르면?

> ㉠ 필로시스헬스케어에 전환사채로 돈을 빌려준 투자자는 전환청구권 행사로 사채이자 및 주식을 받게 된다.
>
> ㉡ 전환청구권이 행사되면 투자사들은 받은 주식을 시장에 팔아 차익실현을 하고자 할 것이다.
>
> ㉢ 차익실현 물량은 주가 하락을 가져올 수 있다.

① ㉠, ㉡

② ㉠, ㉢

③ ㉡, ㉢

④ ㉠, ㉡, ㉢

23. 다음은 전환청구권이 실시된 전후의 필로시스헬스케어 차트다. 알맞은 것을 모두 고르면?

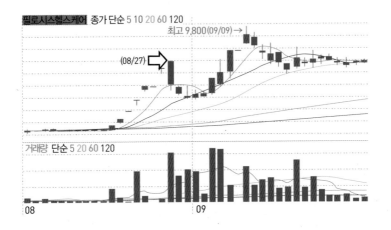

> ⊙ 전환청구권이 실행된 이후 전반적으로 하락 추세다.
>
> ⊙ 전환청구권이 실행된 직후 급락하는 형태를 보였다.
>
> ⓒ 전환청구권이 실행된 후 일정 가격대를 유지하는 구간이 있었다.

① ⊙, ⊙

② ⊙, ⓒ

③ ⊙, ⓒ

④ ⊙, ⊙, ⓒ

22. ②, 전환청구권이란 전환사채를 주식으로 청구할 권리로 전환청구권을 행사하면 기존에 합의된 전환가액 기준으로 환산된 주식을 받는다. 주식만 받을 뿐 이자와는 관계가 없다. 전환가액은 DART에 공시가 돼 조회가 가능하며 보통 시세보다 싼 가격으로 결정된다.

23. ②, 전환청구권이 행사되면 시세보다 싼 가격으로 배정된 주식이 시장에 풀려 악재로 작용할 가능성이 크다. 차트상으로도 하락추세가 진행된 것을 알 수 있다. 그러나 전환청구권 이후 바로 급락하기보다는 일정 가격대를 유지하다가 하락했다.

24~26. 다음 기사를 읽고 물음에 답하시오.

NEWS

대한항공(003490)이 유상증자 권리락으로 인한 착시효과로 주가가 강세를 보이고 있다.

5일 마켓포인트에 따르면 오전 9시 24분 현재 대한항공(003490)은 전 거래일보다 2,000원(10.44%) 오른 2만 1,150원에 거래되고 있다. 같은 시간 대한항공우(003495)도 전날보다

4,200원(19.68%) 오른 1만 8,350원을 기록 중이다. 우선주는 가격 제한 폭까지 올랐다.

이날 대한항공과 대한항공우는 유상증자 권리락이 발생했다. 기준가는 각각 1만 9,150원, 1만 4,150원이다.

앞서 대한항공은 경영 개선 자구안의 일환으로 1조 원 규모의 유상증자를 주주 우선 배정 후 실권주 일반공모 방식으로 추진하기로 했다. 최종 발행가액은 7월 6일 확정되며, 신주 상장은 7월 29일 이뤄질 예정이다.

〈이데일리〉, 2020년 6월 5일

24. 다음 중 권리락에 관한 설명으로 알맞지 않은 것은?

① 권리락이 발생하기 전 해당 주식 보유자들은 유상증자 시 새로 발행된 주식을 인수할 수 있는 권리를 지닌다.

② 권리락이 발생한 후 기존 보유자들은 주가 영향을 받지 않는다.

③ 권리락 발생 직후 주가가 싸진 착시효과가 일어나 주가가 오를 가능성이 높다.

④ 권리락 당일 액면가의 하락 폭은 전일 종가에 영향을 받는다.

25. 다음 중 권리락 계산식에 들어갈 내용이 알맞게 짝지어진 것은?

$$\text{권리락} = \frac{(\text{ⓐ}) + (\text{ⓑ} \times \text{유상증자 비율})}{1 + (\text{유상증자 비율})}$$

① ⓐ: 권리락 전일 종가 ⓑ: 유상증자 발행 예정가

② ⓐ: 권리락 당일 종가 ⓑ: 유상증자 발행 예정가

③ ⓐ: 유상증자 발행 예정가 ⓑ: 권리락 당일 종가

④ ⓐ: 유상증자 발행 예정가 ⓑ: 권리락 전일 종가

26. 다음은 권리락이 발생했을 때의 대한항공 차트다. 알맞지 않은 것은?

① 권리락 당일('20.6.5.) 시가와 종가는 거의 동일했다.

② 권리락 당일 매수세가 몰리면서 가격 상승이 이뤄지기도 했다.

③ 권리락 이후 주가는 하락 추세로 전환됐다.

④ 권리락과 주가 변동은 크게 관계가 없다.

---

24. ②, 권리락이란 주주가 현실적으로 주식을 소유하고 있더라도 주주명부가 폐쇄되거나 배정기준일이 지나 신주를 받을 권리가 없어진 상태를 말한다. 일반적으로 증자의 경우 신주 인수권이 없어진 것을 뜻한다. 증자로 발행주식 수는 늘었으나 회사의 가치는 거의 변동이 없기 때문에 이를 보정해야 한다. 따라서 권리락 시점에 주가를 일정 수준 하락 반영하는데 이에 기존 주주들이 갖고 있는 주식 가치는 떨어지게 된다. 다만 증자 시 주식을 추가로 배정받으면 다시 보정될 수도 있다.

25. ①, 권리락 계산식에 관한 내용이다. 시총 대비 증자 비율 및 시세, 유증 발행 예정가 등이 권리락 주가 하락률에 영향을 준다.

26. ④, 권리락이 발생하면 주가가 일시적으로 하락한다. 기존 주주들에게는 손실로 표시되지만 주가가 떨어진 것과 같은 착시를 일으켜 신규 유입을 유도해 일시적으로 주가가 상승하는 경우가 많다.

27. 다음은 상연과 동원이 나눈 대화다. 괄호 안에 들어갈 단어로 알맞은 것은?

> 상연: 아아악…!
>
> 동원: 무슨 일이야?
>
> 상연: 오늘 (   )(이)가 걸렸어! 젠장!
>
> 동원: (   )? 그게 뭔데?
>
> 상연: 선물과 현물 사이에 급등락이 일어나면 5분간 프로그램 매매를 중단하는 제도인데 그냥 쉽게 생각해서 걸리면 정신없다고 봐야지. 오늘 8% 이상 빠졌다고… 내 계좌 새파란 거 봐봐.
>
> 동원: 와 엄청 내렸네. 나는 주식을 안 하는데 지금 들어가면 되는 건가?

① 사이드카

② 서킷브레이커

③ 정리매매

④ 마진콜

───────────────────────── ⊙ ANSWER

27. ①, 사이드카sidecar는 선물시장이 급변할 경우 현물시장에 미치는 영향을 최소화해 현물시장을 안정적으로 운용하기 위한 프로그

램 매매호가 관리제도다. 주식시장에서 주가 등락 폭이 갑자기 커지면(선물가격이 전일 종가 대비 5% 이상, 코스닥은 6% 이상 상승하거나 하락해 1분간 지속될 때) 프로그램 매매를 5분간 정지한다. 1일 1회에 한해 발동할 수 있다. 5분이 지나면 자동 해제돼 매매 체결이 재개된다.

28. 다음은 상연과 동원이 나눈 대화다. 괄호 안에 들어갈 단어로 알맞은 것은?

> 동원: 확진자가 계속 늘어나는 게 심상치가 않네.
>
> 상연: 주식시장이 폭락 중이야. 근데 어? 왜 지금 거래가 안 되지? 빨리 팔고 나와야 하는데.
>
> 동원: (　　　　)(이)가 걸렸구나. 20분 후면 거래 가능할 거야. 명복을 빈다.
>
> 상연: 아 20분이나… 초조하다.

① 사이드카

② 서킷브레이커

③ 정리매매

④ 마진콜

28. ②, 서킷브레이커circuit breakers는 주가지수 상하 변동 폭이 10%를 넘는 상태가 1분간 지속될 때 현물은 물론 선물의 매매를 중단하는 제도다. 서킷브레이커가 발동되면 20분간 모든 종목의 호가 접수, 매매거래가 정지되고 이후 10분 동안 새로 동시호가가 접수된다. 2015년 서킷브레이커는 3단계로 세분화됐는데 1단계는 종합주가지수가 전일 대비 8% 이상 하락한 경우 발동된다. 3단계 발동 시에는 발동 시점 이후 당일 모든 주식거래가 종료된다.

29. 다음은 상연과 동원이 나눈 대화다. 괄호 안에 들어갈 단어로 알맞은 것은?

상연: 엇, 이번에는 또 왜 거래가 안 되지? 지수도 별 문제가 없는데. 앱이 이상한가….

동원: 이번엔 또 무슨 일이야. 아 (　　　)(이)가 걸렸나 보네.

상연: 그게 뭔데?

동원: 주가가 전일 종가 대비 일정 수준 이상 변동되면 2분간 단일가 매매로 전환되는 거야. 축하한다, 수익 많이 보겠구나.

상연: 음, 아래로도 걸리는 거지?

동원: 응… 하방이네. 명복을 빈다.

① 블록딜

② 정리매매

③ 변동성완화장치VI

④ 마진콜

◎ ANSWER

29. ③, 주가가 급락하거나 급등할 때 2분간 거래가 단일가로 묶였다가 2분이 지난 시점에 체결되는 장치를 변동성완화장치라고 한다.

30. 다음은 VI가 발동했을 때의 호가창 모습이다. 알맞지 않은 것은?

① VI가 발동했을 때 2분간 거래는 진행되지 않는다.

② VI 발동 시 가격으로 2분간 가격이 고정된다.

③ 2분 동안의 주문을 모아서 2분 후 일시에 체결한다.

④ 급등과 급락의 지표로 해석할 수 있다.

ANSWER

30. ②, VI 발동 시 단일가로 묶이는 것은 맞으나 가격은 매수·매도 호가에 따라 유동적이다. 체결은 VI가 풀리는 시점인 2분 후에 이뤄진다.

31. 다음 중 상장폐지 조건으로 알맞지 않은 것은?

① 반기보고서, 분기보고서 2연속 미제출

② 감사의견 거절 및 부적절

③ 자본금 50% 이상 잠식 2년 지속

④ 2거래일 연속 하한가 도달

ANSWER

31. ④, 상장폐지란 증시에 상장된 주식이 매매 대상 자격을 상실해 상장이 취소되는 것을 말한다. 상장회사가 상장폐지 신청을 하는 경

우와 상장폐지 기준에 해당돼 증권거래소가 상장을 폐지시키는 경우(가장 일반적)가 있고 특별한 경우 공익 또는 투자자 보호를 위해 재정경제부장관이 상장폐지를 명할 수도 있다. 주주들에게는 매우 뼈아픈 일이지만 2거래일 연속 하한가를 맞더라도 상장폐지 조건이 되진 않는다. 하지만 하한가로 인해 보통주 종가가 30일 연속 액면가 20%에 미달하면 관리종목으로 지정되고 이후 90일 매매일 중 10일 연속 혹은 30일 이상 미달 상태가 계속되면 상장폐지된다. 시총이 30일 연속 25억 원 미만 시에도 이와 같다.

32. 코스닥의 경우 4년 연속 영업이익 적자가 지속되면 관리종목으로 지정되며 이 상태가 계속될 경우 상장폐지 요건이 될 수 있다. 다만 이 소속부의 종목은 해당 요건이 면제되는데 이 부는 무엇인가?

    ① 우량기업부

    ② 벤처기업부

    ③ 중견기업부

    ④ 기술성장기업부

-- ⊙ ANSWER

32. ④, 기술성장기업부에 속한 코스닥 기업은 미래 가치 상승을 기

대하는 투자자들을 위해 몇 년간 회사가 적자를 기록하더라도 상장 폐지 요건을 면제해준다. 보통 제약·바이오기업이 큰 비중을 차지한다.

33. 다음은 상연과 동원의 대화다. 괄호 안에 들어간 단어로 알맞은 것은?

> 상연: 카카오게임즈가 상장을 한다고 하네. 이거 엄청 오를 거 같은데?
>
> 동원: 그래? 빨리 상장했으면 좋겠다. 빨리 사게.
>
> 상연: 지금도 살 수 있는 방법이 있어. 이제 (   )할 거니까.
>
> 동원: (   )?
>
> 상연: 응, 주식 일부를 일반공개 하는데 이때 청약을 넣으면 돼.

① IPO

② 주택청약

③ 공시

④ ICO

○ ANSWER

33. ①, 상장을 하기 위한 방식 중 하나로 외부 투자자가 공개적으로

주식을 살 수 있도록 기업이 자사의 주식과 경영 내역을 시장에 공개하는 것을 IPO라 한다.

34. 다음 중 공모주 청약에 관한 설명으로 알맞지 않은 것은?

　① MTS나 HTS에서 청약 신청이 가능하다.

　② 청약을 위한 증거금이 필요하다.

　③ 청약은 선착순으로 배정이 결정된다.

　④ 청약을 담당하는 주관 증권사의 계좌가 필요하다.

--- \bigcirc ANSWER

34. ③. 공모주 청약은 아파트 분양과 달리 추첨제로 당첨이 결정되는 것이 아니라 증거금 액수에 비례해 배정 수량이 결정된다.

MTS Mobile Trading System 는 모바일기기로 거래할 수 있는 주식 프로그램, HTS Home Trading System 는 가정이나 직장에서 컴퓨터로 거래할 수 있도록 만든 주식 프로그램을 말한다.

35. 비상장기업은 주식시장에 상장하기 위해 얼마의 가격으로 주식을 상장할지 결정해야 한다. 이 가격은 증권사의 분석 및 투자자들의 수요예측을

통해 결정되는데 이 가격을 무엇이라고 하는가?

① 액면가

② 공모가

③ 시초가

④ 시장가

-- ⊙ ANSWER

35. ②, 주식이 상장될 때의 가격으로 공모주 청약에 성공하면 공모가에 주식을 매입할 수 있다.

36. 다음 중 신규 상장주에 상장 전 투자하는 방법으로 알맞지 않은 것은?

① 해당 기업의 스팩상장이 예정된 경우 합병될 스팩주식을 사놓는다.

② 공모주 청약을 신청한다.

③ 신규 상장주의 지분을 보유한 상장사를 찾아 투자한다.

④ 상장되기 전까지는 어쩔 수 없으므로 상장이 될 때까지 기다린다.

-- ⊙ ANSWER

36. ④, 회사의 사업성이 좋다고 판단되면 상장이 되기 전까지 바라만 볼 것이 아니라 다양한 투자 방법이 있으니 어느 것이든 선택해 투

자하면 된다. 스팩$_{SPAC}$이란 우량 비상장회사의 인수·합병$_{M\&A}$을 유일한 목적으로 하는 서류상 회사, 즉 페이퍼 컴퍼니를 말한다. 일반 기업처럼 주식이 증시에 상장돼 사고팔 수 있으며 3년 내 M&A를 성사시키지 못하면 자동으로 상장폐지된다.

37. 다음은 윈텍의 스팩상장 관련 기사다. 스팩상장에 관한 내용으로 알맞지 않은 것은?

NEWS

디스플레이·반도체 검사장비 전문기업 윈텍이 8월 기업인수목적회사$_{SPAC·스팩}$ 합병을 통해 코스닥시장에 입성한다.

윈텍은 9일 기업공개 간담회를 열고 이런 상장 계획을 밝혔다.

지난 1999년 설립된 윈텍은 유기발광다이오드$_{OLED}$ 디스플레이와 마이크로칩, 2차전지용 필름제품 등의 검사장비를 개발하는 회사다.

이 회사는 현재 삼성전기와 LG디스플레이, SK넥실리스 등 글로벌 기업을 고객사로 확보하고 관련 검사장비 및 솔루션을 공급하고 있다.

회사 측은 소프트웨어 알고리즘 설계기술을 바탕으로 육안으로는 구별할 수 없는 제품 외관 및 품질 검사를 수행한다고 소개했다.

아울러 인공지능$_{AI}$ 기반 머신비전(기계품질검사) 솔루션 개발을 통해 향후 성장 동력을 확보해나갈 계획이라고 강조했다.

상장 주관사인 하나금융투자 관계자는 "정보기술$_{IT}$제품 및 전기자동차산업의 고도화 과정에서 안전성 문제가 크게 부각되고 있다"며 "기술력과 고객 기반을 확보한 검사장비업체 윈텍이 향후 지속적인 성장을 거둘 것으로 기대한다"고 말했다.

윈텍은 하나금융13호스팩(320000)과의 상장을 통해 코스닥시장에 상장한다.

합병 승인을 위한 주주총회는 오는 16일이며 합병 신주 상장 예정일은 8월 6일이다.

전체 상장 주식 중 75%의 물량에는 의무보유 기간이 설정된다.

〈연합뉴스〉, 2020년 6월 9일

① 스팩상장은 스팩이라고 불리는 페이퍼 컴퍼니를 이용해 상장한다.

② 상장돼 있던 스팩이 피인수기업을 인수·합병하고 스팩이 이름을 피인수기업명으로 바꾸면서 상장 작업이 완료된다.

③ 스팩이 상장폐지되면 해당 주식은 휴지 조각이 된다.

④ 3년 내 인수·합병이 되지 못하면 스팩은 상장폐지된다.

37. ③, 스팩의 경우 3년 내 인수·합병에 실패하면 상장폐지되는데 이때 스팩 주주들은 원금 및 이자까지 제공받는다. 일반 기업의 상장폐지와는 다르다.

38~39. 다음 기사를 읽고 물음에 답하시오.

NEWS

유전체 분석 전문기업 소마젠이 (　　　) 제도를 통해 내달 코스닥시장에 입성한다고 29일 밝혔다.

외국 기업이 (　　　)에 도전하는 것은 소마젠이 처음이다.

소마젠은 지난 2004년 코스닥 상장사 마크로젠이 미국 현지에 설립한 유전체 분석기업으로, 주로 병원과 연구소를 대상으로 리서치 중심 사업을 수행해왔다.

최근에는 유전체 분석 및 해석 능력을 바탕으로 개인 직접 의뢰 유전자 검사DTC 및 마이크로바이옴(체내 미생물 유전정보) 분석 등 신규 사업 부문에 진출했다.

특히 지난해 12월 미국의 마이크로바이옴 대표 기업인 '유바이옴'으로부터 30만 건 이상의 관련 데이터와 246건의 특허 등 핵심 자산을 인수하면서 업계 최고의 데이터 경쟁력을 확보했다고 회사 측은 설명했다.

소마젠은 이런 기술력을 바탕으로 (　　)을 진행한다. (　　)은 전문평가기관에서 기술성 평가를 받아 일정 등급 이상을 획득한 기업에 일부 상장 요건을 면제해주는 제도다.

라이언 김 소마젠 대표는 "이번 코스닥 상장을 계기로 미국 정밀 의료시장을 선도하는 기업으로 도약하겠다"고 포부를 밝혔다.

총 공모 증권 수는 420만 DR(보통주 예탁증권)이고 증권당 희망 공모가 범위는 1만 3,700~1만 8,000원이다. 이에 따른 총 공모금액은 최대 756억 원 규모다.

소마젠은 내달 7~8일 수요예측을 통해 공모가를 확정한 뒤 같은 달 13~14일 일반공모 청약을 진행할 계획이다.

상장 예정일은 내달 26일이며 대표 주관사는 신한금융투자가 맡았다.

〈연합뉴스〉, 2020년 4월 29일

38. 다음 중 괄호 안에 들어갈 단어로 알맞은 것은?

① 기술특례상장

② 우회상장

③ 상장실질심사

④ 기술적분석

39. 일반상장에 비해 기술특례상장이 갖는 혜택으로 알맞은 것은?

① 재무제표상 적자가 있더라도 상장이 가능하다.

② 투자설명서 제출이 면제된다.

③ 자기자본이나 시가총액에 대한 기준이 없이 상장 가능하다.

④ 평가기관의 전문평가단계를 진행하지 않아도 상장이 가능하다.

-- ⊙ ANSWER

38. ①, 기술력이 우수한 기업에게 외부 검증기관을 통한 심사를 거친 뒤 상장 기회를 주는 제도를 기술특례상장 제도라 한다.

39. ①, 기술특례상장 제도를 통해 상장하는 기업은 수익성 요건을 충족하지 못해도 상장이 가능하다. 투자설명서는 상장사라면 예외 없이 제출해야 하며 자기자본이나 시가총액 기준은 기술특례상장 제도 대상 기준이 별도로 존재한다. 전문평가단계는 기술특례상장을 원하는 기업이 반드시 거쳐야 한다.

40. 특정 종목의 주가가 하락할 것으로 예상될 때 해당 주식을 보유하고 있지 않은 상태에서 주식을 빌려 매도 주문을 내는 투자 방식은 무엇인가?

① 공매도

② 순매도

③ 미수거래

④ 반대매매

◎ ANSWER

40. ①, 종목을 보유한 사람에게 주식을 빌려 매도를 하고 향후 주식이 떨어지면 갚아 시세차익을 노리는 투자 방법을 공매도라 한다. 공매도는 해당 주식의 주가가 내려가면 이득을 본다.

41. 다음 내용으로 보아 상연이 얻을 수 있는 이득으로 알맞은 것은?

> - 동원은 삼성전자 주식 1주를 가지고 있다.
> - 상연은 동원에게 6개월 동안 삼성전자 주식을 빌려주면 6개월 후 1,000원
>   의 이자와 함께 돌려주겠다고 제안했다.
> - 동원은 장기투자 성향이라 6개월 내 팔 계획이 없어 흔쾌히 수락했다.
> - 상연은 빌린 주식 1주를 당시 가격 5만 원으로 시장에 팔았다.

> – 6개월 이후 상연은 4만 원으로 내린 삼성전자 1주를 사서 동원에게 돌려주고 1,000원의 이자까지 얹어줬다.

① 1만 원 이익이다.

② 1만 1,000원 이익이다.

③ 9,000원 이익이다.

④ 5만 원 이익이다.

-- ◉ ANSWER

41. ③, 공매도의 원리를 설명한 문제다. 상연은 1만 원의 시세차익을 얻고 1,000원의 이자를 제해 9,000원의 이득을 얻는다. 동원이 장기투자 성향이라 계속 보유만 하고 있기에 가능한 이야기라는 점이 핵심이다.

42. 공매도가 심해지면 과다한 매물이 나오고 이는 주가 하락으로 이어져 시장에 혼란을 줄 가능성이 있다. 이에 공매도 과열종목을 지정하게 되는데 공매도 과열종목으로 지정되면 취해지는 조치로 알맞은 것은?

① 공매도 과열종목임을 알려 투자자들에게 위험성을 경고한다.

② 10거래일간 해당 종목의 공매도를 금지한다.

③ 해당 종목을 1거래일간 거래정지한다.

④ 공매도를 실시한 세력들을 고소한다.

--- 🔘 ANSWER

42. ②, 공매도 과열종목으로 지정되면 10거래일간 공매도가 금지된다. 단기적으로 하락을 막아줄 가능성이 있지만 금지가 풀린 이후에는 다시 공매도가 가능하다.

43. 다음 중 감자에 관한 설명으로 알맞지 않은 것은?

① 기업자본을 감소시키는 행위를 말한다.

② 유상감자와 무상감자 2가지 방식이 있다.

③ 무상감자가 유상감자보다 드물게 이뤄진다.

④ 한계기업이 자본잠식 위기에 빠졌을 때 상장폐지 위기를 벗어나기 위해 실시하는 경우가 있다.

--- 🔘 ANSWER

43. ③, 감자는 증자의 반대말로 자본금을 줄이는 것을 말한다. 주식을 더 발행하는 것이 증자라면 발행된 주식을 줄이는 것이 감자다. 감자는 주식 금액을 낮추거나 주식 수를 줄이는 방식으로 진행

되는데 유상감자는 줄어드는 주식 금액을 주주에게 지급한다. 만약 기업이 50% 유상감자를 진행하면 주주는 주식의 50%를 현금으로 받고 이에 대한 비용을 자본금으로 지급해 기업자본금은 50% 줄어들고 주주의 지분은 그대로 유지된다.

반면 무상감자는 줄어드는 주식에 대한 보상이 없고 결정된 감자 비율만큼 주식 수를 잃는다. 예를 들어 5대 1의 무상감자인 경우 5주를 보유한 주주는 1주만 보유하게 되고 이로 인한 손실은 보상받지 못한다. 기업은 주주에게 보상을 지급하지 않았기 때문에 자산총액에 변함이 없다. 대부분의 기업이 무상감자를 실시하며 이는 시장에 악재로 인식돼 주가 하락 요인으로 작용한다.

44. 다음은 휴젤과 아시아나항공의 무상감자 기사다. 같은 무상감자를 실시했지만 휴젤에는 호재로, 아시아나에는 악재로 작용한 이유는 무엇인가?

휴젤(145020)이 최대 주주가 보유한 주식 일부를 무상소각한다는 소식에 20만 원을 넘어서며 강세다.

29일 오후 2시 38분 현재 휴젤은 전 거래일보다 7.53% 오른 21만 2,900원에 거래 중이다. 전일에도 주가는 6.57% 오른 19만

8,000원에 거래를 마쳤다.

전일 휴젤은 보통주 18만 4,680주를 감자한다고 공시했다. 이에 따라 휴젤의 발행주식 수는 감자 전 1,267만 135주에서 1,248만 5,455주로 줄어든다. 또 자본금 역시 63억 8,506만 원에서 63억 원 정도로 감소하게 된다.

앞선 21일 휴젤은 자사의 보툴리눔 톡신 '레티보'가 중국 국가약품감독관리국의 중국 판매허가를 취득하면서 주가가 20만 원을 넘어서며 강세를 보였다. 진홍국 한국투자증권 연구원은 "휴젤의 2021년 중국향 매출은 45억 원으로 추정한다"며 "경쟁사의 중국 진출도 늦어지고 있어 당분간 휴젤의 중국 내 점유율 확대는 무난할 것"으로 전망했다.

〈서울경제〉, 2020년 10월 29일

아시아나항공이 균등 무상감자를 추진한다는 소식에 급락 중이다.

4일 오전 9시 15분 기준 아시아나항공은 전일 대비 460원(12.76%) 하락한 3,145원에 거래되고 있다.

앞서 지난 3일 아시아나항공은 3대 1 비율로 무상감자를 추진한다고 공시했다. 방식은 소액주주의 지분도 똑같이 줄이는 균등감자다.

액면가액 5,000원의 기명식 보통주식 3주를 동일 액면금액의 보통주식 1주의 비율로 병합한다.

이에 자본금은 1조 1,161억 원에서 3,720억 원으로 감소한다. 발행주식 총수는 2억 2,320만 주에서 7,441만 주가 된다.

아시아나항공 최대 주주인 금호산업은 6,868만 주에서 2,289만 주, 박삼구 전 금호아시아나그룹 회장은 1만 주에서 3,333주, 금호석유화학은 2,459만 주에서 819만 주가 된다.

감자기준일은 12월 28일이며, 신주 상장 예정일은 내년 1월 15일이다.

아시아나항공은 코로나19에 따른 직접적인 타격을 감안할 때 추가 자본 확충이나 감자 없이는 관리종목 지정이나 신용등급 하락 등의 가능성을 배제하기 어렵기 때문이라고 설명했다. 지난 2분기 기준 아시아나항공의 자본잠식율은 56.3%다.

〈중앙일보〉, 2020년 11월 4일

① 무상감자의 수량 차이 때문이다.

② 휴젤과 아시아나항공의 시가총액 차이 때문이다.

③ 최대 주주 무상감자와 균등 무상감자의 차이 때문이다.

④ 감자를 실시한 시기의 차이 때문이다.

44. ③, 휴젤의 경우 최대 주주 보유 지분 감자를 통해 전체 주식 수가 줄어들면서 휴젤의 희소성과 주당 가치가 높아진다. 무상감자로 감자된 주식에 대해서는 별도의 보상은 없어 최대 주주가 손해를 감내하고 일반투자자들이 이득을 본다. 아시아나의 경우 균등 무상감자로 일반투자자들도 고통을 분담하기 때문에 주당 가치가 동일하게 줄어들고 회사 재무에 큰 문제가 있는 것으로 인식된다. 이에 따라 동일한 무상감자를 시행했지만 휴젤에는 호재로 작용했고 아시아나에는 악재로 작용했다.

45. 주식이나 채권 표면에 적혀 있는 가격을 이르는 말로 주가가 이 가격의 20% 미만인 경우가 30일간 지속되면 관리종목으로 지정돼 상장폐지로 이어질 수 있다. 이 가격은 무엇인가?

① 시장가

② 액면가

③ 실거래가

④ 공시지가

45. ②, 주식이나 채권 표면에 적혀 있는 가격을 액면가라고 한다. 실제 거래할 때는 거의 쓰이지 않지만 상장폐지 요건의 한 항목이다. 사실상 액면가까지 도달한 주식은 이미 회생이 어려울 정도로 내려갔을 가능성이 크다.

46. 다음 중 코스피지수가 상승될 것으로 예상될 때 가장 수익을 많이 볼 수 있는 ETF 종목으로 알맞은 것은?

① KODEX 코스피

② KODEX 레버리지

③ KODEX 인버스

④ KODEX 200선물인버스2X

46. ②, 지수가 상승하면 지수 추종 ETF 상품은 같이 상승하므로 수익을 볼 수 있다. 개별 종목을 고르기 어려운 경우에 투자할 수 있는 좋은 방법이며 수익을 극대화하고 싶다면 레버리지에 투자하면 된다. KODEX 레버리지는 코스피200지수를 추종하는 ETF로 그 등락폭을 2배로 적용하는 상품이다. 예를 들어 코스피200지수가 1% 오

르면 레버리지는 2% 오르고 반대로 1% 하락하면 2% 하락하는 구조다. 그러니 손해도 배로 될 수 있다는 점은 감안해야 한다. 인버스에 관한 해설은 코로나19 4번 문제 참조.

47~51. 아래 정보를 보고 다음 물음에 답하시오.

> - S사 현재가: 1만 원
>
> - S시 순자산: 400억 원
>
> - S사 매출액: 200억 원
>
> - S사 당기순이익: 10억 원
>
> - S사 주식수: 500만 주

47. S사의 주당순이익EPS으로 알맞은 것은?(단위: 만 원)

① 200

② 250

③ 500

④ 400

48. S사의 주가수익비율_{PER}로 알맞은 것은?(단위: 배)

   ① 50

   ② 100

   ③ 40

   ④ 20

49. S사의 주당순자산_{BPS}으로 알맞은 것은?(단위: 원)

   ① 1,000

   ② 4,000

   ③ 100

   ④ 8,000

50. S사의 주가순자산비율_{PBR}로 알맞은 것은?(단위: 배)

   ① 1.25

   ② 1

   ③ 2.5

   ④ 20

51. S사의 자기자본이익률_{ROE}로 알맞은 것은?(단위: %)

   ① 25

② 2.5

③ 5

④ 10

-- ⊙ ANSWER

47. ①, EPS는 당기순이익을 주식 수로 나눈 값으로 예제 내용으로 보면 10억 원/500만 주 = 200만 원이다.

48. ④, PER은 주가를 EPS로 나눈 값으로 예제 내용으로 보면 1만 원/200 = 50배다.

49. ④, BPS는 순자산 주가를 주식 수로 나눈 값으로 예제 내용으로 보면 400억 원/500만 주 = 8,000원이다.

50. ①, PBR은 주가를 BPS로 나눈 값으로 예제 내용으로 보면 1만 원/8,000원 = 1.25배다.

51. ②, ROE는 당기순이익을 자본으로 나눈 값에 100을 곱한 것으로 예제 내용으로 보면 (10억 원/400억 원) × 100 = 2.5%다.

52. 다음은 상연과 동연이 나눈 대화다. 괄호 안에 들어갈 말로 알맞지 않은 것은?

> 동원: 이재용 부회장이 구속됐다는 기사가 떴네.
>
> 상연: 음, 구속되고 징역까지 가면 삼성그룹의 키는 누가 잡으려나?
>
> 동원: 아무래도 동생인 이부진 사장의 역할이 커지지 않겠어?
>
> 상연: 그럼 호텔신라우를 눈여겨봐야겠군.
>
> 동원: 호텔신라도 아니고 웬 호텔신라우?
>
> 상연: (   )
>
> 동원: 그러네, 확실하다면 그게 더 낫겠구나.

① 시가총액이 작아서 시세가 많이 움직이기 때문에 수익이 훨씬 좋을 거야.

② 세력들의 시세 조정이 본주에 비해 쉬워서 변동성이 더 클 거야.

③ 호가가 본주보다 덜해서 쉽게 오를 수 있을 것 같거든.

④ 우선주는 의결권이 없어서 그게 더 나은 것 같아.

ANSWER

52. ④, 우선주가 의결권이 없는 것은 맞는 이야기지만 호텔신라우를 매수한 이유에 해당하지는 않는다. 우선주는 보통 본주보다 시

가총액이 작고 가벼워서 이슈에 더 민감하게 반응한다. 2021년 1월 18일 이재용 삼성전자 부회장이 파기환송심에서 징역 2년 6개월을 선고받고 법정구속되자 호텔신라우는 장중 +27.52%까지 폭등하며 우선주의 위력을 보여줬다. 같은 날 호텔신라는 +7.07%까지 올랐던 것에 비하면 훨씬 큰 변동 폭이다.

53. **다음 중 우회상장의 방식으로 알맞은 것을 모두 고르시오.**

> ㉠ 페이퍼 컴퍼니를 상장시키고 해당 페이퍼 컴퍼니를 인수·합병한다.
>
> ㉡ 이미 상장돼 있는 기업을 인수·합병한다.
>
> ㉢ 기존에 코넥스KONEX에 상장돼 있는 기업이었다면 코스닥으로 옮겨 상장한다.

① ㉠

② ㉠, ㉡

③ ㉠, ㉡, ㉢

④ ㉡, ㉢

53. ②, 우회상장이란 비상장기업이 상장기업을 인수·합병하는 방식 등을 통해 증권시장에 진입하는 것을 말한다. 크게 합병, 포괄적 주식교환, 영업양수도, 주식스왑의 4가지 방법으로 이뤄진다. ㉠은 합병에 의한 우회상장 방식인 스팩상장을 설명한 것이다. ㉡이 대표적인 우회상장 방식이며 ㉢은 이미 다른 시장에 상장된 기업이 시장을 이전하는 이전상장에 관한 내용이다. 이 외에도 코스닥에서 코스피로 옮겨 상장하는 것이 있다.

54. 상장된 종목이 최소한의 유동성을 갖추지 못하거나 감사의견이 거절되거나 자본잠식에 빠지면 관리종목으로 지정돼 상장폐지의 가능성이 커진다. 다음 중 관리종목에 지정되면 취해지는 조치가 아닌 것은 무엇인가?

① 일정 기간 매매가 정지될 수 있다.

② 미수나 신용거래가 금지된다.

③ 상장사 간 인수·합병이 금지된다.

④ 현금에 갈음할 수 있는 대용유가증권으로 사용할 수 없다.

54. ③, ①, ②, ④번은 모두 관리종목 지정 시 취해질 수 있는 내용

이다. 관리종목에 지정돼도 인수·합병은 될 수 있다. 단, 관리종목으로 지정될 만큼 어려워진 회사를 살 누군가가 나타난다면 말이다.

55. 다음 투자 주체 분류 중 기관투자자가 아닌 것은?

① 보험

② 연기금

③ 사모펀드

④ 기타법인

-- ⊙ ANSWER

55. ④, 투자자는 크게 개인투자자, 외국인투자자, 기관투자자로 구별된다. 기관투자자는 법인 형태를 취하고 있는 기관으로서의 투자자를 지칭하는데 은행, 보험, 금융투자(증권사, 투자자문사, 자산운용사 등), 투자신탁회사, 연기금(국민연금, 공무원연금기금, 사학연금 등), 사모펀드, 기타금융(새마을금고, 저축은행, 금융지주회사, 여신전문금융회사 등), 국가다. 기타법인은 기관투자자를 제외한 법인으로 보통 비금융계열 회사를 뜻한다.

56. 아래는 H사의 하루 투자 주체별 매매 결과다. 전체 집계 합이 0이 되지 않는데 그 이유는 무엇인가?

> – 개인 : +29,057
>
> – 외국인 : -74,301
>
> – 기관 : +35,106

① 증자로 인해 신규 상장된 주식거래는 집계되지 않아 합계가 0이 되지 않을 수 있다.

② 기타법인, 내외국인 정보가 누락돼 있어 추가하면 합계가 0이 된다.

③ 증권사별 거래 내역 차이로 합계가 0이 되지 않을 수 있다.

④ 대차거래(주식을 빌려하는 거래)로 인해 합계가 0이 되지 않을 수 있다.

--- ⊙ ANSWER

56. ②, 거래는 쌍방 간 이뤄지는 행위이므로 반드시 합계가 0이 돼야 한다. 보통 거래 주체를 표시할 때 예시와 같이 3주체만 간략하게 표시하는 경우가 많으니 헷갈리지 말자.

Q1 주식 공부를 시작해보니 다들 차트를 읽을 줄 알아야 한다고 하더라고요. 차트는 어떻게 공부해야 할까요?

▶ 차트가 중요하긴 하지만 공부하기 전에 반드시 알아야 할 것은 차트가 아니라 '어떤 경우에도 무조건 통하는 법칙은 없다'는 것입니다. 설령 그런 법칙이 나왔다 하더라도 그것을 간파한 투자자들 때문에 다시 패턴이 바뀝니다. 이 점을 반드시 염두에 두고 '차트 공부는 확률이 높은 패턴을 익히는 것이다'라는 개념을 잡고 시작해야 합니다. 4부에서 다룬 정도의 내용은 공부해두면 좋을 것입니다.

예전에는 책으로 주식 공부를 하는 게 대세다 보니 그 책이 출판된 시점에는 유행하는 패턴이 이미 바뀐 경우가 많았습니다. 그러나 요새는 최신 패턴을 열심히 분석해주는 유튜브도 많고 잘 찾아보면 좋은 채널들이 꽤 있습니다. 유튜브 시청 시간이 많으면 광고 수익이 크리에이터에게 돌아간다는 확실한 보상이 있기 때문에 앞으로도 좋은 주식 유튜버들이 많이 활동할 것으로 보입니다.

Q2 매수와 매도 타이밍을 어떻게 잡아야 할까요?

▶ 간단히 말하면 기대감이 있을 때가 매수 타이밍이고 관심을 받을 때가 매도 타이밍입니다. 어떤 기업이 테슬라에 납품을 할지 말지 모르는 상태에서는 매수고, 결과가 발표된 다음은 매도라는 거죠. 물론 매수·매도 타이밍은 상황마다 너무 다르기 때문에 일률적으로 공식화할 수는 없지만 대부분의 경우 이런 원리로 접근하면 될 것입니다. 전부 매도하기가 아깝다면 절반이라도 매도하는 것이 낫습니다. 기대하던 대로 됐다고 해서 앞으로 2배, 3배 가겠지 하는 희망에 돈을 더 넣는다거나 하는 일은 위험성을 키울 뿐입니다.

Q3 '투데이슈'나 블로그를 보면 효라클 님이 투자하는 주력 분야가 몇 몇 있는 것 같은데 특별히 그 분야를 선택하는 이유가 있나요?

▶ 과거에 큰 이슈가 됐던 것 또는 제가 생각하기에 화제성이 클 것 같은 종목을 고르는 편입니다. 특히 〈킹덤〉이나 〈스위트홈〉 같은 넷플릭스 오리지널 시리즈는 상당히 좋아하는 소재인데, 일단 코로나19로 인해 투자의 축이 영화에서 드라마로 넘어왔고 넷플릭스 오리지널은 한국 방송사와는 달리 제작비나 광고비를 아끼지 않기 때문에 제작사에 큰 수익을 안겨다

줍니다. 이제 곧 선거철이기 때문에 정치 테마주도 들썩일 거고요. 2차전지의 경우도 테슬라 관련이라든지 하는 확실한 테마가 잡혀 있는 것을 선호하는 편입니다.

이런 종목들은 손해를 볼 수도 있지만 떨어지더라도 아래에 풍부한 대기수요가 받쳐주고 있기 때문에 비교적 안전하다고 할 수 있습니다.

Q4 **'나에게까지 알려진 뉴스는 이미 다 소진된 정보다'라는 이야기가 많은데 다른 사람들이 잘 모르는 이슈를 선점하는 것과 대세에 올라타는 것 중 무엇이 더 중요할까요?**

▶ 남들이 모르는 걸 해야 돈을 크게 번다는 것은 환상에 불과합니다. 시장은 우선 많이 알려지고 쉬운 것에 먼저 반응합니다. 아무도 모르는 걸 혼자만 알고 있다고 해도 결국은 그것이 사람들에게 뉴스나 공시 등을 통해 널리 알려져야만 주가가 오르는 것입니다. 따라서 아무도 모르는 걸 찾아서 나중에 알아주길 바라기보다는 대세에 올라타는 것이 현명한 투자 방법이라 하겠습니다.

Q5 '주식적 사고'란 무엇인가요?

▶ 이 책에서 계속 제시한 바와 같이 어떤 사회적 현상을 접했을 때 반사적으로 '관련주는 뭘까?'를 떠올리는 사고방식입니다. 비가 오고 날씨가 더워지고 추워지는 이런 흔한 기상 현상도 어딘가에 있는 기업에는 수익에 중요한 영향을 미칩니다. 우리가 사는 세상은 수많은 기업의 활동으로 굴러가고 있기 때문에 어떤 현상이든 무조건 하나 이상의 기업에 영향을 미치게돼 있습니다. 이를 추적해 탐구하는 사고방식이 바로 주식적 사고입니다.

3부

5장

1~2. 박소영, 카카오뱅크·크래프톤 등 '대어' 몰려온다… "내년 IPO 흥행예약", 〈머니투데이방송MTN〉, 2020년 11월 13일, https://news.mtn.co.kr/newscenter/news_viewer.mtn?gidx=2020111314482889985

3. 강우석, '장외 몸값 40兆' 카카오뱅크 상장 착수, 〈매일경제〉, 2020년 11월 11일, https://www.mk.co.kr/news/stock/view/2020/11/1158155/

4. 박정엽, 한국금융지주·예스24, 카뱅 상장 기대에 강세, 〈조선비즈〉, 2020년 9월 24일, https://biz.chosun.com/site/data/html_dir/2020/09/24/2020092400964.html?utm_source=naver&utm_medium=original&utm_campaign=biz

5. 이송렬, 아주IB투자·넵튠 등 상승… 크래프톤 IPO 가까워졌다, 〈한국경제〉,

2020년 10월 28일, https://www.hankyung.com/finance/article/202010
2143361

6장

1~2. 고은지, 제9호 태풍 '마이삭' 발생⋯ 내달 2일 제주 해상 도달 예상, 〈연합
뉴스〉, 2020년 8월 28일, https://www.yna.co.kr/view/AKR202008281459
00530?input=1195m

3~4. 김정범, 긴 장마에 병충해 비상⋯ 여름 농약·비료주 飛上, 〈매일경제〉,
2020년 8월 3일, https://www.mk.co.kr/news/stock/view/2020/08/7944
30/

5. 강경래, 길어지는 장마⋯ 방긋 웃는 제습기, 〈이데일리〉, 2020년 7월 19일,
https://www.edaily.co.kr/news/read?newsId=01981126625836160&me
diaCodeNo=257&OutLnkChk=Y

6. 박병일, "8월에 쓰레기 대란"⋯ 재활용 폐기물 '수거 포기' 우려, 〈SBS〉, 2020년
6월 19일, https://news.sbs.co.kr/news/endPage.do?news_id=N1005844
452&plink=ORI&cooper=NAVER

7~8. 고성민, 고성 산불 강풍 타고 확산⋯ 軍장병 1,800명도 대피, 〈조선비즈〉,
2020년 5월 1일https://biz.chosun.com/site/data/html_dir/2020/05/01/20
20050102213.html?utm_source=naver&utm_medium=original&utm_
campaign=biz

9~10. 권수현, 강원 고성 산불 영향으로 소방·조림 관련주 강세, 〈연합뉴스〉,
2019년 4월 5일, https://www.yna.co.kr/view/AKR20190405041000008?i
nput=1195m

11~12. 전성필, 포항 규모 5.4 지진 발생⋯ "원전·방폐물 처분 시설 이상 없
어"(종합), 〈조선비즈〉, 2017년 11월 15일, https://biz.chosun.com/site/
data/html_dir/2017/11/15/2017111502076.html

13. 디지털뉴스부, 포항 지진 전국서 감지… 주식 시장 지진 테마주 급등, 〈경인일보〉, 2017년 11월 15일, http://www.kyeongin.com/main/view.php?key=20171115010004936

14~15. 장영은, '수돗물 유충' 발견 신고 전국서 속출… '국민 불안감' 확산(종합), 〈연합뉴스〉, 2020년 7월 21일, https://www.yna.co.kr/view/AKR20200721083351057?input=1195m

16. 김윤지, 수돗물 유충 신고에 물 관리 업체 '연일 강세', 〈이데일리〉, 2020년 7월 20일, https://www.edaily.co.kr/news/read?newsId=02132006625836488&mediaCodeNo=257&OutLnkChk=Y

17. 윤경진, 수돗물 유충 사태에 '정수기 관련주' 강세, 〈머니S〉, 2020년 7월 20일, https://moneys.mt.co.kr/news/mwView.php?no=2020072012378066772

18. 박경훈, 수돗물 벌레·유충 발견 소식에 구충제주 강세, 〈서울경제〉, 2020년 7월 21일, https://www.sedaily.com/NewsView/1Z5E0IFK3U

19. 한민수, 수돗물 유충 사태에 광동제약·농심 등 생수株 '강세', 〈한국경제〉, 2020년 7월 20일, https://www.hankyung.com/finance/article/2020072061606

20. 양한나, [SEN루머] 웹스, 국내유일 BPA불검출 필터샤워기 주문폭증에 풀가동, 〈서울경제TV〉, 2020년 7월 28일, http://www.sentv.co.kr/news/view/576863

7장

1. 김윤나영, 일본, 강제징용 자산 현금화 대비 2차 보복 조치 검토 중, 〈경향신문〉, 2020년 7월 26일, http://news.khan.co.kr/kh_news/khan_art_view.html?artid=202007260928001&code=970203

2. 김영상, 日 보복조치 검토 소식에 모나미·신성통상 급등, 〈머니투데이〉,

2020년 7월 27일, https://news.mt.co.kr/mtview.php?no=20200727092
05711190

3~4. 김청중, 스가, 후쿠시마 원전 오염수 해양방출 강행 가능성, 〈세계일보〉,
2020년 11월 14일, http://www.segye.com/newsView/20201113520863?
OutUrl=naver

5. 이경민, 日정부 원전 오염수 방류 소식에 수산株 강세, 〈조선비즈〉, 2020년
10월 16일, https://biz.chosun.com/site/data/html_dir/2020/10/16
/2020101600859.html?utm_source=naver&utm_medium=original&
utm_campaign=biz

6. 김경택, 후쿠시마 오염수 바다 방출 사실상 확정…우진 방사능 제염사업 연
일 부각, 〈매일경제〉, 2020년 10월 23일, https://www.mk.co.kr/news/
stock/view/2020/10/1087108/

8장

1~2. 김승현, 중국은 긁고 또 긁었다, 광군제 매출 83조 신기록, 〈조선일보〉,
2020년 11월 12일, https://www.chosun.com/economy/2020/11/12/
DBBQCCWOFRFOFMUQ4VPURX3RGA/?utm_source=naver&utm_
medium=original&utm_campaign=news

3. 유준하, 컬러레이, 중국 광군제 겨냥 신사업 소식에 '강세', 〈이데일리〉, 2020년
10월 28일, https://www.edaily.co.kr/news/read?newsId=028601666259
37512&mediaCodeNo=257&OutLnkChk=Y

4. 백주원, 83조 中광군제에 K-뷰티도 '잭팟', 〈서울경제〉, 2020년 11월 12일,
https://www.sedaily.com/NewsView/1ZADO7RFQ8

5. 이태수, 식품업계 광군제 '훈풍'… 신라면·불닭면·비비고만두 '불티', 〈연합
뉴스〉, 2020년 11월 13일, https://www.yna.co.kr/view/AKR2020111307
1000030

6~7. 김수현, 시진핑 이르면 이달 말 방한 예정… 서두르는 이유 왜?[종합], 〈한
국경제〉, 2020년 11월 12일, https://www.hankyung.com/international/
article/2020111234707

8. 이민지, 中 시진핑 주석 방한 추진 소식에 화장품株↑, 〈아시아경제〉, 2020년
11월 12일, https://view.asiae.co.kr/article/2020111214185947776

9~10. 이종섭, 중국 인구 고령화에 '산아제한' 없애나, 〈경향신문〉, 2020년 11월
5일, http://news.khan.co.kr/kh_news/khan_art_view.html?artid=20201
1051601011&code=970204

11. 김우람, 아가방컴퍼니, 中 가족계획 표현 삭제… 출산정책 완화 전망에 상
승세, 〈이투데이〉, 2020년 11월 5일, https://www.etoday.co.kr/news/
view/1959198

9장

1~2. 황인찬, 동해안 남북철도 연결 재추진… 정부 "예비타당성조사 면제",
〈동아일보〉, 2020년 4월 21일, http://www.donga.com/news/article/
all/20200421/100737154/1

3. 이민우, [특징주]남북철도 연결사업 재추진에 철도株 강세, 〈아시아경제〉,
2020년 4월 20일, https://www.asiae.co.kr/article/2020042011165618669

4. 이민정, 여당 총선 압승에 남북경협주 급등… '아난티' 29.72% 상한가, 〈중앙
일보〉, 2020년 4월 16일, https://news.joins.com/article/23756068

5~6. 민병권, [종합]"연평도 실종 공무원 北 총격으로 사망"… 北경계병 코로
나 유입 막으려 쐈나, 〈서울경제〉, 2020년 9월 23일, https://www.sedaily.
com/NewsView/1Z7YWJEF2C

7. 황국상, 급락장세에도 방산주는 올랐다, 北 만행에 긴장고조, 〈머니투데이〉,
2020년 9월 24일, https://news.mt.co.kr/mtview.php?no=20200924153
43025101

8. 김범현, 김정은 "문대통령·남녘동포에 대단히 미안"(종합2보), 〈연합뉴스〉, 2020년 9월 25일, https://www.yna.co.kr/view/AKR20200925101552001?input=1195m

9. 박승원, [특징주]김정은 피격사건 사과… 경협주·방산주 '희비교차', 〈한국경제TV〉, 2020년 9월 25일, http://www.wowtv.co.kr/NewsCenter/News/Read?articleId=A202009250268&t=NN

10장

1~2. 장연제 동아닷컴 기자, 비트코인 4,100만 원 돌파… 11일 만에 1,000만 원 '껑충', 〈동아일보〉, 2021년 1월 7일, https://www.donga.com/news/article/all/20210107/104816891/2

3. 방서후, [특징주]비트코인 급등에 관련주도 '가즈아', 〈한국경제TV〉, 2020년 11월 6일, https://www.wowtv.co.kr/NewsCenter/News/Read?articleId=A202011060064&t=NN

11장

1~2. 윤기백, [컴백 SOON]'왕의 귀환'… 방탄소년단이 온다, 〈이데일리〉, 2020년 11월 15일, https://www.edaily.co.kr/news/read?newsId=0109552662596 5720&mediaCodeNo=258

3~4. 박재환, 전지현-주지훈-오정세, 드라마 '지리산' 오르다, 〈KBS미디어〉, 2020년 10월 30일, https://kstar.kbs.co.kr/list_view.html?idx=34414

5~6. 강진아, 담보·삼진그룹 선전… 10월 韓영화 관객수, 전월 대비 220만명↑, 〈뉴시스〉, 2020년 11월 13일, https://newsis.com/view/?id=NISX2020111 3_0001233211&cID=10601&pID=10600

7~8. 박진우, 넷마블·NC·위메이드 줄줄이 대작 게임 출시… 연말 달군다,

〈조선비즈〉, 2020년 11월 10일, https://biz.chosun.com/site/data/html_
dir/2020/11/09/2020110903065.html?utm_source=naver&utm_medium
=original&utm_campaign=biz

12장

1~2. 오유신, 장마 끝나자 서울 전역 '폭염주의보'… 전국 대부분 '열대야',
〈조선비즈〉, 2020년 8월 16일, https://biz.chosun.com/site/data/html_
dir/2020/08/16/2020081600379.html?utm_source=naver&utm_medium
=original&utm_campaign=biz

3. 박태진, 여름철 임박에 선풍기·에어컨株 '강세', 〈이데일리〉, 2019년 5월 28일,
https://www.edaily.co.kr/news/read?newsId=02007366622493512&me
diaCodeNo=257&OutLnkChk=Y

4~5. 민미경 기상캐스터, 내일 출근길, 때 이른 추위 절정… 곳곳 한파주의보,
〈MBN〉, 2020년 11월 8일, https://www.mbn.co.kr/news/society/4334
271

6. 고윤상, 한파관련株, 벌써부터 주가 꿈틀, 〈한국경제〉, 2020년 10월 20일,
https://www.hankyung.com/finance/article/2020102096841

7. 이윤희, '역대급' 긴 장마… 장마 수혜주도 있다, 〈데일리한국〉, 2020년 8월
4일, http://daily.hankooki.com/lpage/finance/202008/dh20200804184
605148310.htm?s_ref=nv

13장

1~2. 김보경, 컨테이너선 운임지수 또 사상 최고… 2000선 돌파하나, 〈연합뉴스〉,
2020년 11월 13일, https://www.yna.co.kr/view/AKR2020111312380000
3?input=1195m

3. 김영상, 해상운임 사상 최고치, 물만난 해운株 쭉쭉 오른다, 〈머니투데이〉, 2020년 11월 12일, https://news.mt.co.kr/mtview.php?no=2020111209522182399

4. 심우일, [특징주]국제 해상 운임 강세에… 조선株도 강세, 〈서울경제〉, 2020년 11월 9일, https://www.sedaily.com/NewsView/1ZAC9F3F8R

14장

1~2. 박수혁, 1년 만에 또… 화천농장서 아프리카돼지열병 발생, 〈한겨레〉, 2020년 10월 9일, http://www.hani.co.kr/arti/area/gangwon/965135.html#csidx56a5faf7f169f44be537db64403b07e

3. 정은지, [특징주]강원도 아프리카돼지열병 발병에 관련株 급등, 〈뉴스1〉, 2020년 10월 12일, https://www.news1.kr/articles/?4083516

4. 고준혁, [특징주]中조류독감 반사이익 기대에 육계株 강세, 〈이데일리〉, 2020년 2월 10일, https://www.edaily.co.kr/news/read?newsId=02597766625669208&mediaCodeNo=257&OutLnkChk=Y

15장

1. 김현정, 증권가 "우한폐렴 증시 영향 제한적… 단기 조정 매수 기회", 〈매일경제〉, 2020년 1월 26일, https://www.mk.co.kr/news/stock/view/2020/01/82778/

2. 장은석·강윤혁, 코스피 시총 1,000조원 붕괴… 전문가 "1000선까지 밀릴 수도", 〈서울신문〉, 2020년 3월 20일, https://www.seoul.co.kr/news/newsView.php?id=20200320002017&wlog_tag3=naver

3. 최정희, 코스피, 250일 이동평균선 도달… '상승폭 제한', 〈이데일리〉, 2020년 5월 28일, https://www.edaily.co.kr/news/read?newsId=0147272662577

3512&mediaCodeNo=257&OutLnkChk=Y

4. 구은모, 코스피 랠리에 곱버스 투자자 '끙끙', 〈아시아경제〉, 2020년 11월 16일, https://view.asiae.co.kr/article/2020111611282141528

5~6. 지웅배 인턴기자, '코로나 3차 대유행' 시작됐다… 신규확진 363명, 누적 3만명 돌파, 〈서울경제〉, 2020년 11월 20일, https://www.sedaily.com/NewsView/1ZAHB98AQE

7. 이휘경, 수능 2주 남기고 162개교 등교 불발… 두 달 만에 최다, 〈한국경제TV〉, 2020년 11월 20일, http://www.wowtv.co.kr/NewsCenter/News/Read?articleId=A202011200253&t=NN

8. 고은빛, 코로나 재확산 우려에 온라인 교육株↑… YBM넷 '상한가', 〈한국경제〉, 2020년 8월 18일, https://www.hankyung.com/finance/article/2020081894026

9. 곽도영, 100대 기업 10곳 중 9곳, 사무직 재택근무, 〈동아일보〉, 2020년 9월 14일, https://www.donga.com/news/article/all/20200913/102914645/1

10. 오민지, [특징주]코로나 재확산 우려… 재택근무株 강세, 〈한국경제TV〉, 2020년 11월 13일, http://www.wowtv.co.kr/NewsCenter/News/Read?articleId=A202011130134&t=NN

11. 김수현, "확진자 대기하세요" 병상부족 현실화… 지역사회 '빨간불', 〈한국경제〉, 2020년 11월 19일, https://www.hankyung.com/society/article/2020111991917

12. 박소영, [머니 e-종목]코로나19 무더기 확진 지속… 음압병실 관련주 '강세', 〈머니투데이〉, 2020년 11월 19일, https://news.mtn.co.kr/newscenter/news_viewer.mtn?gidx=2020111909381790100

13. 조현기·문대현·배지윤, "마스크 주문할 수 있나요"… 확진자 급증에 해외서 K-마스크 러브콜↑, 〈뉴스1〉, 2020년 11월 17일, https://www.news1.kr/articles/?4120481

14. 이송렬, 웰크론 등 마스크株 폭등… 마스크 수출길 열렸다, 〈한국경제〉, 2020년 10월 20일, https://www.hankyung.com/finance/article/2020102082966

15. 고은지, 손소독제 수출 12배 급증… '방역 한류' 한국산 위생용품 각광, 〈연합뉴스〉, 2020년 4월 5일, https://www.yna.co.kr/view/AKR20200404036900003?input=1195m

16. 조용석, [특징주]손소독제 관련株… 코로나 확산세 지속에 '강세', 〈이데일리〉, 2020년 11월 20일, https://www.edaily.co.kr/news/read?newsId=01961446625967688&mediaCodeNo=257&OutLnkChk=Y

17. 박다해, 수도권 '준 3단계 거리두기' 1주일 연장… 빵집도 포장배달만, 〈한겨레〉, 2020년 9월 4일, http://www.hani.co.kr/arti/society/health/960804.html

18. 김경미, 거리두기 1주일 더… 포장株 또 뜀박질, 〈서울경제〉, 2020년 9월 4일, https://www.sedaily.com/NewsView/1Z7Q4CSJLA

19. 김기훈, 코로나19 여파로 올해 택배 물량 전년보다 20% 증가, 〈한국경제TV〉, 2020년 9월 18일, https://www.wowtv.co.kr/NewsCenter/News/Read?articleId=AKR20200918091600530'

20. 정은지, [특징주]코로나19 방역조치 추가 시사… 물류株 급등, 〈뉴스1〉, 2020년 8월 28일, https://www.news1.kr/articles/?4040337

21. 강건택, 화이자, FDA에 코로나백신 긴급사용 신청…12월 중순 승인 기대(종합), 〈연합뉴스〉, 2020년 11월 20일, https://www.yna.co.kr/view/AKR20201120163651009?input=1195m

22. 권유정, 코로나 백신 기대감에 씨젠 등 진단키트株 하락세, 〈조선비즈〉, 2020년 11월 17일, https://biz.chosun.com/site/data/html_dir/2020/11/17/2020111701161.html?utm_source=naver&utm_medium=original&utm_campaign=biz

23. 임선영, "영하 70도로 최대 6억회분 수송" 화이자 백신 보급 특급작전, 〈중앙일보〉, 2020년 11월 11일, https://news.joins.com/article/23918101

24. 김윤지, [특징주]백신 상용화 기대감에 콜드체인株 '강세', 〈이데일리〉, 2020년 11월 11일, https://www.edaily.co.kr/news/read?newsId=019155266259 64736&mediaCodeNo=257&OutLnkChk=Y

16장

1~2. 한영혜, 獨 코로나 백신 개발사 CEO "내년 겨울엔 일상 복귀 가능", 〈중앙일보〉, 2020년 11월 16일, https://news.joins.com/article/23920986

3. 김현경, [특징주]백신 기대감에 여행·항공주 급등, 〈헤럴드경제〉, 2020년 11월 10일, http://news.heraldcorp.com/view.php?ud=20201110000130

17장

1~2. 권혁준, 천도론에 세종 땅값도 전국 1위… 집값 38%↑ '전무후무' 급등, 〈서울경제〉, 2020년 10월 29일, https://www.sedaily.com/NewsView /1Z9BIEIG3W

3. 윤경진, [특징주]유라테크·프럼파스트… 세종시 이전 관련주 '들썩', 〈머니S〉, 2020년 7월 22일, https://moneys.mt.co.kr/news/mwView.php?no=2020 072210298090851

18장

1. 김현·최현지, '170조' 역대 최대 한국판뉴딜 출항… 국민 투자로 동력 배가(종합), 〈뉴스1〉, 2020년 9월 3일, https://www.news1.kr/articles/?4047645

2. 김호연, 文 "그린뉴딜, 한국판 뉴딜에 포함"… 디지털뉴딜과 '양축', 〈파이낸셜뉴스〉, 2020년 5월 20일, https://www.fnnews.com/news/2020052017520

80042

3. 이송렬, 그린뉴딜 관련주, 급등… 풍력 에너지·전기차 등 '주목', 〈한국경제〉,
   2020년 5월 21일, https://www.hankyung.com/finance/article/20200521
   05606

4. 정해용, 그린뉴딜로 신성이엔지 등 재생에너지 관련주 급등, 〈조선비즈〉,
   2020년 5월 27일, https://biz.chosun.com/site/data/html_dir/2020/05/27
   /2020052701125.html?utm_source=naver&utm_medium=original&utm_
   campaign=biz

5. 임형섭, 문대통령 "2025년까지 전기·수소차에 20조원 투자", 〈연합뉴스〉,
   2020년 10월 3일, https://www.yna.co.kr/view/AKR20201030078900001
   ?input=1195m

6. 박진형, [특징주]미국 니콜라 급등에 국내 수소차 관련주 급등(종합), 〈연합
   뉴스〉, 2020년 6월 23일, https://www.yna.co.kr/view/AKR202006230626
   51002?input=1195m

7. 전기차·2차전지株 급등… 이재용·정의선 '동반협력' 기대감, 〈한국경제TV〉,
   2020년 5월 13일, http://www.wowtv.co.kr/NewsCenter/News/Read?art
   icleId=A202005130322&t=NN

19장

1. 홍예지, 테슬라, 완전자율주행 기능 공개, 〈파이낸셜뉴스〉, 2020년 10월 23일,
   https://www.fnnews.com/news/202010231009052089

2. 김영상, 머스크 "한달내 완전 자율주행차" 한마디에 국내 주식들도 급등, 〈머
   니투데이〉, 2020년 9월 23일, https://news.mt.co.kr/mtview.php?no=20
   20092309090793944

1~3. 김경미, [특징주]SK바이오팜, 기관 보호예수 해제 물량에 8% 급락, 〈서울경제〉, 2020년 10월 5일, https://www.sedaily.com/NewsView/1Z90HWIK1B

4~5. 박종오, 물적분할 VS 인적분할… LG화학 회사와 투자자의 '동상이몽', 〈이데일리〉, 2020년 9월 21일, https://www.edaily.co.kr/news/read?newsId=01252966625902416

6~7. 정인지·김영상, 두산퓨얼셀 블록딜 미달… 가격 매력 부족했나, 〈머니투데이〉, 2020년 10월 6일, https://news.mt.co.kr/mtview.php?no=2020100610415179921

8~9. 양보혜, 유한양행, 상장 후 첫 액면분할… 5,000원→1,000원, 〈데일리메디〉, 2020년 3월 5일, http://www.dailymedi.com/detail.php?number=853618&thread=22r05

10~12. 최승우, '방탄소년단(BTS) 관련주' 키이스트, 23일부터 주식거래정지… 왜?, 〈세계일보〉, 2020년 4월 23일, https://www.segye.com/newsView/20200423509631

13~15. 고재연, 무상증자 발표에… 적자기업도 상한가 '직행', 〈한국경제〉, 2020년 6월 21일, https://www.hankyung.com/finance/article/2020062113111

16~17. 김영권, 두산重 1조 3,000억 유상증자… 자구안 속도, 〈파이낸셜뉴스〉, 2020년 9월 4일, https://www.fnnews.com/news/202009041539422215

18~19. 나은수, SK렌터카 1,000억 원 규모 유상증자 결정… 왜?, 〈머니S〉, 2020년 9월 16일, https://moneys.mt.co.kr/news/mwView.php?no=2020091617368083620

20~21. EDGC, 전환사채 일반공모 2조 몰렸다, 〈한국경제TV〉, 2020년 11월 1일,

https://www.wowtv.co.kr/NewsCenter/News/Read?articleId=A2020103
00364&t=NN

22~23. 황선중, [종목이슈] 필로시스헬스케어, 전환사채 물량 '부담'… 주가
9%↓, 〈뉴스핌〉, 2020년 9월 16일, https://www.newspim.com/news/
view/20200915001111

24~26. 오희나, [특징주]대한항공, 유상증자 권리락 효과 '급등'… 우선주는 '上',
〈이데일리〉, 2020년 6월 5일, https://www.edaily.co.kr/news/read?newsI
d=01849926625798768&mediaCodeNo=257&OutLnkChk=Y

37. 곽민서, 검사장비 전문기업 원텍, 8월 코스닥 스팩 합병 상장, 〈연합뉴스〉,
2020년 6월 9일, https://www.yna.co.kr/view/AKR20200609103500002?i
nput=1195m

38~39. 곽민서, 소마젠, 내달 코스닥 상장… 외국기업 기술특례상장 1호, 〈연
합뉴스〉, 2020년 4월 29일, https://www.yna.co.kr/view/AKR2020042910
6800008?input=1195m

44. 신한나, [특징주]휴젤, 최대주주 보유 지분 감자 소식에 이틀째 강세, 〈서울
경제〉, 2020년 10월 29일, https://www.sedaily.com/NewsView/1Z9BI
RSYX2
이지영, 아시아나항공, 균등 무상감자 추진 소식에 급락, 〈중앙일보〉, 2020년
11월 4일, https://news.joins.com/article/23911453

오늘의 주식

1판 1쇄 발행 2021년 2월 28일
1판 2쇄 발행 2021년 3월 18일

지은이 효라클(김성효)
발행인 오영진 김진갑
발행처 토네이도

책임편집 진송이
기획편집 이다희 박수진 박은화
디자인팀 안윤민 김현주
표지 및 본문 디자인 유니드
교정교열 강설빔
마케팅 박시현 신하은 박준서 김예은
경영지원 이혜선

출판등록 2006년 1월 11일 제313-2006-15호
주소 서울시 마포구 월드컵북로5가길 12 서교빌딩 2층
전화 02-332-3310 팩스 02-332-7741
블로그 blog.naver.com/midnightbookstore
페이스북 www.facebook.com/tornadobook

ISBN 979-11-5851-206-4 03320